Modelos internacionais de educação superior

FUNDAÇÃO EDITORA DA UNESP

Presidente do Conselho Curador
Mário Sérgio Vasconcelos

Diretor-Presidente
Jézio Hernani Bomfim Gutierre

Superintendente Administrativo e Financeiro
William de Souza Agostinho

Conselho Editorial Acadêmico
Carlos Magno Castelo Branco Fortaleza
Henrique Nunes de Oliveira
João Francisco Galera Monico
João Luís Cardoso Tápias Ceccantini
José Leonardo do Nascimento
Lourenço Chacon Jurado Filho
Paula da Cruz Landim
Rogério Rosenfeld
Rosa Maria Feiteiro Cavalari

Editores-Adjuntos
Anderson Nobara
Leandro Rodrigues

PROGRAMA SAN TIAGO DANTAS DE PÓS-GRADUAÇÃO EM RELAÇÕES INTERNACIONAIS
Universidade Estadual Paulista (Unesp)
Universidade Estadual de Campinas (Unicamp)
Pontifícia Universidade Católica de São Paulo (PUC-SP)

REGINALDO C. MORAES
MAITÁ DE PAULA E SILVA
LUIZA CARNICERO DE CASTRO

Modelos internacionais de educação superior

Estados Unidos, França e Alemanha

apoio:

© 2017 Editora Unesp

Direitos de publicação reservados à:
Fundação Editora da Unesp (FEU)
Praça da Sé, 108
01001-900 – São Paulo – SP
Tel.: (0xx11) 3242-7171
Fax: (0xx11) 3242-7172
www.editoraunesp.com.br
www.livrariaunesp.com.br
feu@editora.unesp.br

Programa San Tiago Dantas de Pós-Graduação
em Relações Internacionais
Praça da Sé, 108 – 3º andar
01001-900 – São Paulo – SP
Tel.: (0xx11) 3101-0027
www.unesp.br/santiagodantassp
www.pucsp.br/santiagodantassp
www.ifch.br/unicamp.br/pos
relinter@reitoria.unesp.br

Dados Internacionais de Catalogação na Publicação (CIP)
Vagner Rodolfo CRB-8/9410

M827m

Moraes, Reginaldo C.
   Modelos internacionais de educação superior: Estados Unidos, França e Alemanha / Reginaldo C. Moraes, Maitá de Paula e Silva, Luiza Carnicero de Castro. São Paulo: Editora Unesp, 2017.

   ISBN: 978-85-393-0698-5

   1. Educação. 2. Ensino superior. 3. Estados Unidos. 4. Alemanha. 5. França. I. Silva, Maitá de Paula e. II. Castro, Luiza Carnicero de. III. Título.

2017-498   CDD: 378
                                                                        CDU: 378

Índice para catálogo sistemático:
1. Ensino superior 378
2. Ensino superior 378

Esta publicação contou com apoio da Fundação de Amparo à Pesquisa do Estado de São Paulo (Fapesp, processo n.2016/16794-4).

Editora afiliada:

Sumário

Apresentação   7

1 As universidades norte-americanas na
  virada do novo milênio   9
2 O caso francês: um sistema peculiar   49
3 A educação superior na Alemanha:
  uma tentativa de descrição e interpretação   71
4 Notas sobre o Sistema Dual alemão   101

Sobre os autores   117

Apresentação

Este volume é uma tentativa de trazer ao leitor brasileiro uma visão sintética de alguns sistemas de educação superior. Como esse conhecimento não é tão disseminado entre nós, o texto é deliberadamente didático e descritivo.

Os países são escolhidos pela relevância que tiveram na "exportação" de modelos. A Alemanha, como se sabe, forneceu a muitos países a inspiração para que se replicasse a chamada universidade humboldtiana. Nosso segundo caso, o norte-americano, é um desses herdeiros. Entre o final do século XIX e o começo do século XX, centenas de intelectuais norte-americanos com sede de conhecimento avançado foram completar sua formação superior naquele país, e trouxeram esse modelo para criar as primeiras "universidades de pesquisa" norte-americanas. Esse movimento teve sua contrapartida: a "importação" de outra natureza, que foi, quem sabe, consequência parcial da admiração despertada pelo novo continente. Nos anos 1930, vários pesquisadores alemães, açoitados pela crise política do Velho Mundo, foram atraídos pelas universidades norte-americanas, algo que se repetiria depois da Segunda Guerra Mundial. O terceiro modelo aqui descrito é o francês. A terra de Descartes e dos iluministas não sediou apenas as primeiras elaborações de campos científicos decisivos – Química, Matemática, Geografia, Biologia, entre outras disciplinas. Missões francesas ajudaram a criar escola na Universidade de São Paulo, no momento de sua fundação, em 1934. Vale lembrar, ainda, que o capítulo sobre os Estados Unidos aqui incluído é, em certa medida, uma atualização de trabalho maior, também publicado pela editora Unesp em 2015 – *Educação superior nos Estados Unidos: história e estrutura.*

Este livro é um dos resultados da pesquisa financiada pela Fapesp *Ensino superior, políticas de pesquisa e inovação, processos de desenvolvimento – estudo comparado de quatro países: Alemanha, Brasil, França e Estados Unidos* (Proc. Fapesp 2013/26999-4). De outro lado, o coordenador da pesquisa foi também beneficiado por bolsa de produtividade do CNPq. Assim, agradecemos às duas instituições por esse auxílio estratégico.

1
AS UNIVERSIDADES NORTE-AMERICANAS NA VIRADA DO NOVO MILÊNIO

Reginaldo C. Moraes

As universidades norte-americanas, os centros de pesquisa a elas associados têm uma importância singular no sistema de inovação daquele país.[1] É algo muito peculiar, quando comparado com os outros países, ainda mais se levado em conta que, nos Estados Unidos, grande parte das principais universidades de pesquisa são instituições privadas. Privadas, sim, mas sem fins lucrativos. Privadas, sim, mas construídas graças a volumosas infusões de recursos públicos de toda natureza. Ainda hoje, seus orçamentos são generosamente regados por esse recurso público.[2]

---

1 A afirmação se justifica não apenas pela relevância das universidades e suas unidades de pesquisa organizada (ORU) na investigação básica e aplicada. Mas a P&D empresarial sempre foi fartamente alimentada pelas competências formadas nessas universidades, conforme demonstra a literatura a respeito dos laboratórios industriais norte-americanos, desde a virada do século XIX para o XX. Segundo Cole (2009, p.195-6): "Está claro que as universidades de pesquisa representam a principal reserva para os laboratórios de pesquisa industriais de nossa nação, e cerca das 100 maiores universidades de pesquisa produzem a maioria dos doutoramentos em ciência e engenharia. Os grandes laboratórios industriais não poderiam funcionar sem que estas universidades lhes fornecessem indivíduos novos e talentosos de forma regular".

2 Weisbrod et al. (2008, p.30) mostram um padrão de financiamento do custeio das escolas. Escolas públicas, relevante o gasto público (federal, estadual) em suas diferentes formas (dotações, bolsas, contratos etc.). No setor *four years*, esses itens cobrem dois terços dos orçamentos. Anuidades cobrem perto de 17% – e refletem, seguramente, um preocupante endividamento de estudantes e famílias. Relevância ainda maior no setor *two years*, o sistema não seletivo e de massa: perto de 80% do orçamento depende dessas fontes públicas. Mas o setor privado *non-profit* também é beneficiado pelo fundo público: cerca de um terço do orçamento! E até o setor privado com fins lucrativos (cerca de um quarto do orçamento).

Esse sistema tem mostrado algumas mudanças relevantes depois de 1980 e, principalmente, no século XXI. Vale a pena entendê-las.[3] De modo tentativo – e certamente muito esquemático – poderíamos adiantar em algumas proposições as principais transformações:

1. As verbas de pesquisa sofreram alguns abalos e as instituições buscaram outras formas de financiamento e organização. Cresceu o descolamento entre pesquisa e ensino, sobretudo o ensino de graduação. Percebe-se uma autonomização ainda maior da pesquisa – por exemplo, um maior descolamento das Organized Research Unities (ORU) ante as estruturas de governança das universidades. Mudam paulatinamente os grandes financiadores da pesquisa – dos segmentos de base militar (Exército, Marinha, Aeronáutica, Nasa, Comissão de Energia Atômica) para os NIH (o sistema público de saúde), sobretudo e cada vez mais em parceria com empresas privadas. A pesquisa militar segue importante, mas não é tão decisiva quanto fora nos "25 gloriosos" do pós-guerra. Muda também o destino prioritário das verbas de pesquisa: da Física, Química e Engenharias para as "ciências da vida".
2. O crescimento significativo da pesquisa médica é, mais precisamente, o crescimento de um determinado tipo de pesquisa médica ou das *life sciences*: nem tanto a chamada pesquisa básica e mais o estudo ligado à prática clínica, ao desenvolvimento de procedimentos, aparelhagens e fármacos associados a diagnóstico e tratamento de doenças selecionadas. Um evento emblemático, para alguns analistas, é a chamada guerra contra o câncer declarada por Nixon, já no começo dos anos 1970.
3. Torna-se evidente uma maior busca de interações do espaço acadêmico com o mundo comercial (o *business*) e a economia local. Isso ocorre não apenas no campo da pesquisa, mas, também, no ensino (o *contract education* ou *contract training*, por exemplo). .

Antes, porém, de desenvolver essas proposições, convém iluminar algo do lado *ensino* das instituições. Assim, comecemos por esboçar um resumo do que se pode chamar de "sistema de ensino superior norte-americano" e de sua evolução recente.

---

3 Parte do argumento e informações deste texto são retomados do livro que publiquei recentemente (*Ensino superior nos Estados Unidos: história e estrutura*, pela editora Unesp, 2015). Há, contudo, alguns dados que colhi posteriormente.

A visão do sistema como sistema

É difícil dizer que existe um sistema de educação superior nos Estados Unidos. Talvez se possa dizer que há vários sistemas (estaduais) ou, então, alguns, regionais, correspondendo às agências privadas de certificação. De qualquer modo, existe, sim, um conjunto de instituições que foi adquirindo, sob o trabalho do tempo e das circunstâncias, o formato de um sistema. Nesse caso, como em muitos outros, parece adequada a formulação de Adam Ferguson, segundo a qual as instituições humanas são resultado da ação humana, mas não necessariamente de um desígnio ou projeto (*design*).

O conjunto poderia ser representado assim (Gráfico 1.1):

Gráfico 1.1 – A pirâmide da educação superior norte-americana

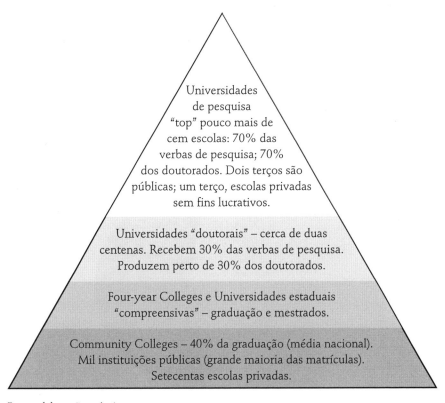

Fonte: elaboração própria.

Temos outro modo de ver esse universo quando tomamos os dados coligidos pelo *Profiles of American Colleges*, publicação da editora Barrons destinada a orientar o "público consumidor" dessa área, isto é, a família dos estudantes.[4] Aí se vislumbra um perfil de seus ingressos e egressos, isto é, dos frutos da árvore – de onde vêm os "calouros" e qual o resultado que obtêm. E o retrato – num total de 1.416 escolas selecionadas – é instigante:

Tabela 1.1 – Distribuição de escolas, ingressantes e concluintes na graduação norte-americana, 2000

Tipo de escola	Número de escolas	%	Número de ingressantes	%	Número de concluintes	% do total	Proporção concluintes/ingressantes
Top	146	10,3	170.000	12,5	136.000	18,8	0,80
Seletivas	253	17,9	300.000	22,0	210.000	29,0	0,70
Média seletividade	588	41,5	570.000	41,8	313.500	43,3	0,55
Não seletivas	429	30,3	325.000	23,8	65.000	9,0	0,20
	1.416	100	1.365.000	100,1*	724.500	100,1*	0,53

* Nos percentuais, a soma supera os 100% por causa do arredondamento das partes

Se quisermos ter uma ideia da distribuição quantitativa entre os segmentos privado e público, no nível da *graduação*, teríamos o seguinte (Gráfico 1.2):

Gráfico 1.2 – Estudantes de graduação, por tipo de instituição, 2009

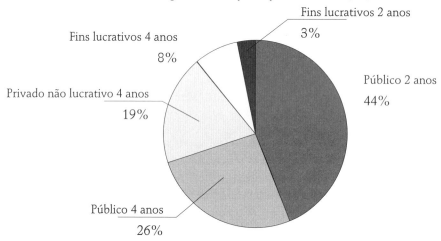

Fonte: elaboração própria a partir de dados compilados em College Board (2011).

---

4 A publicação hierarquiza as instituições em seis níveis. Utilizamos aqui o procedimento de Carnevalle e Rose, redesenhando a classificação para quatro níveis. A edição que esses autores utilizam é o Profiles do ano 2000 (cf. Carnevalle; Stephen, 2004, p.104-5).

Modelos internacionais de educação superior

Podemos ver esse conjunto de instituições como um sistema também pelo grau de complementaridade entre suas partes. Cada uma delas tem seu público, sua missão, sua estrutura e seu modo de operar. As complementaridades aparecem em várias dimensões. Por exemplo, nas formas de transferências existentes entre os *community colleges* e as universidades estaduais – o que, em vários estados, é uma relação baseada em regras bastante precisas, em *Master Plans*. Podemos notar também, com esses dados, uma espécie de simbiose não planejada – resultado não intencional de ações intencionais – que Geiger aponta entre as escolas de 4 anos e os *two-year colleges*: à evasão de estudantes das escolas "maiores" corresponde uma injeção de estudantes transferidos dos *community colleges*, ocupando as "vagas remanescentes" e reequilibrando as contas da escola.[5]

Várias imagens foram sugeridas para descrever o sistema. Steven Brint lembra duas delas. A primeira é a caracterização de dois "modelos de negócios". De um lado, caracterizando as seletivas, prestigiosas (e relativamente pequenas) universidades privadas sem fins lucrativos, pode-se falar em um modelo baseado em volume pequeno e alto custo. Do lado das universidades públicas, estaduais, abrangentes, grandes e complexas, o modelo é de alto volume e baixo custo. A grande universidade pública tem menos patrimônio e menor concentração *per capita* de "líderes nacionais. Mas tem mais programas, especialistas e professores em maior número de campos. Esse é o seu trunfo para lutar por verbas de pesquisa (Brint, 2007, p.93).

A representação por essa via (os tais modelos de negócios) poderia ou deveria lembrar algumas das diferenças ou implicações. Por exemplo: as universidades privadas têm uma pós-graduação proporcionalmente maior do que as escolas públicas. Stanford, por exemplo, tem mais alunos de pós-graduação do que na graduação. O Gráfico 1.3 indica essa diferenciação.

As escolas privadas também tendem a concentrar mais sua graduação em poucos *majors* ou focos. Embora o "sistema" norte-americano seja bem variado, como regra geral, o *college* (bacharelado) é dividido em dois andares – *low division* (ou *junior college*) e *high division* (sênior), com um período de dois anos de "educação geral" bastante escolar, quase secundária,[6] o *minor*, e mais dois anos de concentração numa área de conhecimento ou carreira (*major*). As escolas privadas escolhem poucos *majors*, os mais "prestigiosos" e rentáveis. As escolas públicas não fazem isso, nem podem fazê-lo, por responderem a pressões da comunidade que as sustenta – por isso oferecem número grande de especialidades e carreiras. Isso também se reflete

---

5 Alguns analistas apontam que tais transferências induzem a um desvio no cômputo dos concluintes, já que, em geral, o certificado ou diploma geralmente não menciona a primeira escola (por exemplo, o *community college*), apenas aquela em que o estudante concluiu seu curso.

6 Muitos analistas norte-americanos tendem a equiparar os dois primeiros anos de *college* norte-americano com o liceu francês e o ginásio alemão. Essa comparação é antiga. Desde o século XIX, importantes lideranças acadêmicas norte-americanas compartilhavam essa opinião.

no tamanho das escolas. Brint faz uma lista das 40 maiores universidades do país – apenas três privadas estão nela. E na lista das 40 menores, em contrapartida, 31 são escolas privadas.

Gráfico 1.3 – Distribuição de estudantes na graduação e na pós-graduação. Comparação entre instituições públicas e privadas

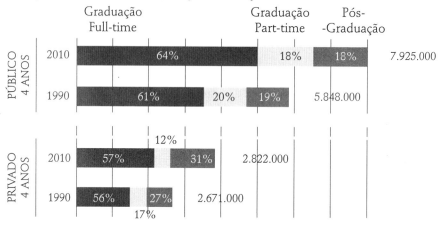

Fonte: adaptado de College Board (2012b).

Geiger (2004, p.84, tradução nossa) tenta esboçar outro tipo de quadro compreensivo do sistema, com base na sua "clientela":

> No final dos anos 1990, de quase 14 milhões de pessoas com 18 anos nos Estados Unidos, perto de 3 milhões se formaram na escola secundária e quase 2 milhões foram diretamente para o *college*. Deste último grupo, cerca de 1,2 milhão se matriculou como estudantes em tempo integral num *college* ou universidade de quatro anos. Quantos desses estudantes frequentam instituições seletivas? Não é possível dar nenhuma resposta precisa para uma categoria inerentemente imprecisa, mas uma estimativa grosseira é possível com base nas noções prevalentes de seletividade. Usando as listas da US, News das cinquenta melhores "universidades nacionais" e "*colleges* de artes liberais nacionais" como uma referência razoável, o setor seletivo consistiria de aproximadamente 145.000 primeiranistas: 64.000 em dezesseis universidades públicas, 56.000 em 34 universidades privadas e 25.000 em cinquenta *colleges*. Essas matrículas representam menos de um em cada cinco primeiranistas em instituições privadas e um de cada dez em instituições públicas. Participação nesse grupo deveria significar, por exemplo, que pelo menos metade da turma de calouros atingiu pontuação entre os 10%-15% melhores entre todos os examinados. Esse enfoque reflete uma definição institucional de setor seletivo. Ela não indica quem frequenta essas instituições.

Modelos internacionais de educação superior

Com o aprofundamento da polarização, o sistema, desde seu nascedouro bastante hierarquizado, vai adquirindo o que se pode chamar de distribuição bimodal (Geiger, 2010, p.9). O pedaço "não seletivo" tende a oferecer mais ensino vocacional, opera a baixos custos e com menores recursos. Seus estudantes vêm de segmentos de renda médios e médio-baixos, endividam-se, estudam em tempo parcial e trabalham. Levam muito mais tempo para concluir seus cursos (ibidem).

Há, porém, outro elemento relevante para descrever o sistema e mostrar as diferenças e, também, similaridades entre instituições: o modo como são financiadas. Em princípio, nos Estados Unidos, todo ensino superior é pago pelo estudante, inclusive aquele oferecido pelas escolas públicas. Registramos as escalas no nosso livro já mencionado. Aqui, porém, vale a pena destacar o padrão de financiamento das instituições privadas. Uma avaliação recente (Weisbrod et al., 2008, p.30) procura desenhar um quadro sintético desse padrão (ou padrões). Nas escolas públicas, costuma ser mais relevante o gasto público (federal, estadual) em suas diferentes formas (dotações, bolsas, contratos etc.). No setor *four years* (escolas que conferem bacharelado), esses itens cobrem dois terços dos orçamentos. Anuidades cobrem perto de 17% – e refletem, seguramente, um preocupante endividamento de estudantes e famílias. O gasto público tem relevância ainda maior no setor *two years*, o sistema não seletivo e de massa: perto de 80% do orçamento depende dessas fontes públicas. Mas o setor privado sem fins lucrativos também é beneficiado pelo fundo público: cerca de um terço do orçamento! E até o setor privado com fins lucrativos (cerca de um quarto do orçamento) recebe fundos públicos, cada vez maiores.

Assim, público e privado são expressões que necessitam de redefinição, quando um brasileiro olha para as escolas americanas. Brint (2007) sublinha essa peculiaridade. As escolas privadas têm um lado "público" determinante, sobretudo a partir da Segunda Guerra Mundial. Clark Kerr (1978) as chamava de *federal grant universities* – universidades dependentes de dotações federais. Brint (2007, p.110) lembra que entre os vinte maiores receptores de dotações para P&D, em 2003, 11 eram instituições privadas. Os empréstimos federais e os programas de bolsas também se aplicam a elas, tanto quanto às públicas. Não por acaso, elas também têm presença nos *lobbies* para alterar a legislação e os programas dessa área (ibidem).

Seria útil, então, entender como cresceu o sistema, em que direção ele se ampliou. Vejamos algumas dessas tendências.

Em primeiro lugar, o notável deslocamento do segmento público. E, em segundo, a parte pequena reservada ao ensino privado com fins lucrativos, que, contudo, teve um grande crescimento nos anos 2000. Essas comparações aparecem mesmo quando somamos todos os tipos de curso (graduação e pós), o que relativiza a peculiaridade de cada um dos segmentos (Gráfico 1.4).

15

Gráfico 1.4 – Total de matrículas no ensino superior (graduação e pós-graduação). Estados Unidos, anos selecionados (milhares)

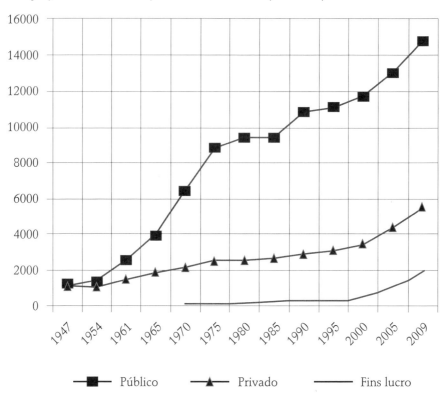

Fonte: National Center for Educations Statistics (2010, Tabela 197).

Quando restringimos o exame ao ensino de graduação, o salto das escolas públicas é ainda mais claro (Gráfico 1.5).

Gráfico 1.5 – Matrículas totais na graduação – público x privado

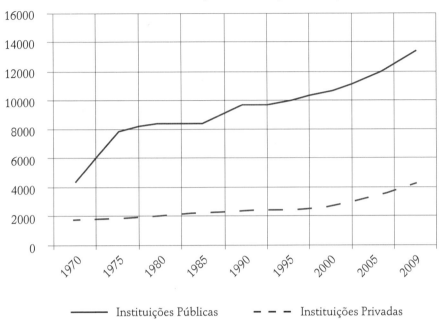

Fonte: National Center for Educations Statistics (2010, Tabela 197).

Dentro do setor público, desde os anos 1960, destaca-se o crescimento de um segmento não seletivo e de massa, o *community college*, ou *college* de dois anos (cf. Gráfico 1.6).

Gráfico 1.6 – Total de matrículas no ensino superior – instituições públicas (*four years* x *two years*)

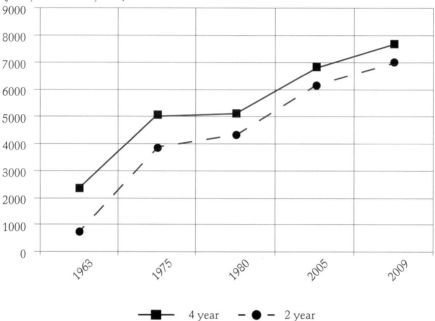

Fonte: National Center for Educations Statistics (2010, Tabela 198).

Se isso é verdade para o total de matrículas, é ainda mais visível quando olhamos para o número de *ingressantes* (Gráfico 1.7).

Gráfico 1.7 – Matrículas de ingressantes (milhares) – instituições públicas (*four years* e *two years*)

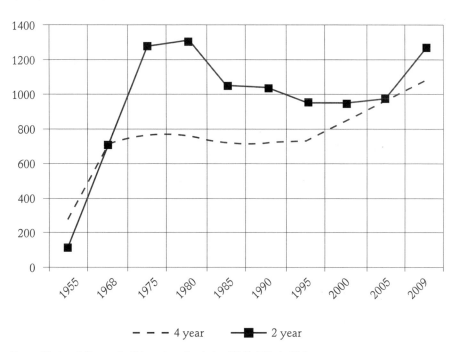

Fonte: National Center for Educations Statistics (2010, Tabela 206).

O setor privado com fins lucrativos – antes bastante minoritário – teve razoável crescimento nos anos 2000, com estratégias agressivas e até mesmo predatórias (voltaremos a esse tema mais adiante). Em parte, isso foi viabilizado por aquilo que Geiger chamou de "privatização" dos outros setores (as instituições públicas e as instituições privadas sem fins lucrativos). Refere-se à queda dos repasses e subsídios públicos, assim como das bolsas, e às reformas legais que permitiam empresas a se valerem dos empréstimos federais – fatores como esses viabilizaram um setor estritamente "empresarial" na educação superior. Voltaremos a ele mais adiante.

Outro elemento a destacar é a progressiva precarização do trabalho docente. Em 1970, quase 80% do professorado eram contratados em tempo integral. No final do século, esse percentual tinha caído abaixo dos 60%. E a parcela do corpo docente no quadro de carreira com direito a conquistar a estabilidade (*tenure tack*) também caía significativamente. O quadro *part time* e com contratos temporários aumenta de 18,6% em 1975 para 37,5% em 2007.[7]

Examinado esse "lado ensino" das universidades norte-americanas, passemos, agora, para o desenvolvimento das três proposições antes citadas, referentes ao "lado pesquisa". Como indicamos, as proposições se referem a (1) mudança nas verbas de pesquisa (origem e destino); (2) peculiar desenvolvimento do setor das *"life sciences"*, mais especificamente, Medicina; (3) ainda maior integração da pesquisa (e também do ensino e treinamento) com as empresas.

Mudanças gerais na estruturação da pesquisa acadêmica

Vejamos, primeiro, as fontes de financiamento. Destacam-se cada vez mais as agências federais ligadas a saúde e assistência social. Mas ainda são muito relevantes as agências de perfil militar – o Departamento de Defesa (as três armas), a Nasa, a Agência de Energia Atômica (que depois deu espaço ao Departamento de Energia). Nos últimos anos do século XX, um padrão parece ter-se firmado: crescimento do financiamento da área de saúde (mais de 40%) e relativa baixa do setor de defesa e aeroespacial (cerca de 30%), ainda que os gastos com defesa tenham revitalizações em momentos agudos, como no governo Reagan e no pós-11 de setembro. Além disso, há gastos derivados da defesa que não necessariamente aparecem como defesa. Por exemplo, os gastos com "reconstrução" de países invadidos e devastados, com pesquisa médica associada a militares etc. Assim, no início dos anos 2000 parece ter havido um desses picos de gasto militar, mas, aparentemente, o setor de *life sciences* segue majoritário e tendencialmente mais relevante.

Assim, há pelo menos três mudanças a destacar: (a) relação entre investimento público e setor privado; (b) deslocamento no interior do setor público (quais agências e, portanto, quais campos de pesquisa se destacam); (c) além desse "de onde vem", há o "para onde vai" o dinheiro da pesquisa (instituições, campos de conhecimento). Vejamos alguns dados.

Os dados reunidos por Geiger (2004, Tabela 3) mostram um crescimento constante dos gastos em P&D, em termos absolutos (mais do que dobrou) e mesmo como proporção do PIB (2,32% para 2,59%). Mostra, ainda, um progressivo avanço dos gastos das empresas (49% para 68%) e um declínio da participação federal (47,3%) para 26,3%. Além disso, deve-se notar o percentual crescente de pesquisa básica (de 13,7% para 18,1% do total de gastos).

---

7 Dados compilados em Ehrenberb (2012).

Quando se olha especificamente para os gastos acadêmicos em P&D, também se nota um significativo crescimento, mas com importante participação dos gastos federais (58% no ano 2000), participação pequena das empresas (8%). Nessa rubrica, o gasto caracterizado como pesquisa *básica é sempre muito alto* (Geiger, 2004, Tabela 4).

Dentro dos gastos federais em P&D, o elemento novo a ser notado é o crescimento significativo da participação do National Institutes of Health (NIH) e também, em menor escala, da National Science Foundation (NSF). Graham e Diamond comentam que a NSF havia absorvido a sustentação de alguns programas de pesquisa do Departamento de Defesa (DOD) e da Nasa. Reparar também a participação do Departamento de Energia (DOE), que sucedeu a Comissão de Energia Atômica (AEC) e do Departamento de Agricultura (USDA). Veja Quadro 1.1 abaixo:

Quadro 1.1 – Distribuição percentual dos gastos federais em P&D acadêmica, por agência, 1969-1979

Ano	NIH	NSF	DOD	Nasa	DOE(a)	USDA	Outra
1969	35,0	13,9	17,2	6,5	6,6	4,1	16,7
1975	44,7	18,0	8,4	5,4	5,5	4,5	13,5
1979	45,4	15,9	11,3	3,6	6,7	5,1	12,1

Fonte: Graham e Diamond (1997, p.92).

Nelson, Peck e Kalachek (1969, p.62) fornecem um útil quadro de longo prazo para os gastos em P&D, mostrando sua evolução ao longo do século XX, até a era dourada de 1960. Não apenas fica evidente o percentual crescente do gasto em P&D, mas, também, a participação federal decisiva no financiamento e, portanto, na construção daquilo que se pode chamar de capacidade tecnocientífica do país. O gasto total em P&D era 0,6% do PNB no começo da Segunda Guerra Mundial (1940) e chegou aos 2,8% em 1961. E a participação federal nesse financiamento simplesmente triplicara.

O Quadro 1.2, elaborado por Nelson, Peck e Kalachek (1969), cruza dois tipos de dado: aqueles relativos aos *financiadores* e aqueles relativos aos *executores* da pesquisa. O Quadro mostra a relevância de distinguir quem financia e quem executa. Assim, ficamos sabendo que, em 1961-1962, a indústria *executava* uma grande parte da pesquisa (73,7%), mas grande parte dela era *financiada* pelo governo federal. Algo análogo ocorre com a pesquisa executada pelas universidades (9,5% do total), mas majoritariamente financiada pelo governo federal (cf. Quadro 1.2).

Quadro 1.2 – Movimentação dos Fundos de P&D nos Estados Unidos, 1961-62 (Em milhões de dólares)

Fontes de Recursos P&D	Executores do Trabalho de P&D					% do total
	Governo Federal	Indústria	Universidades	Instituições não lucrativas	Fundos totais fornecidos	
Governo Federal	$2090	$6310	$1050	$200	$9650	65,5
Indústria	0	4560	55	90	4705	31,9
Universidades	0	0	230	0	230	1,6
Outras não lucrativas	0	0	65	90	155	1,1
Custo total da P&D executada	2090	10870	1400	380	14740	100
Percentagem do Total	14,2	73,7	9,5	3,6	100,0	

Nota: As cifras são arredondadas e talvez não correspondam aos totais.
Fonte: Nelson, Peck e Kalachek (1969, p.61).

Gráfico 1.8 – P&D nos Estados Unidos – Quem financia?

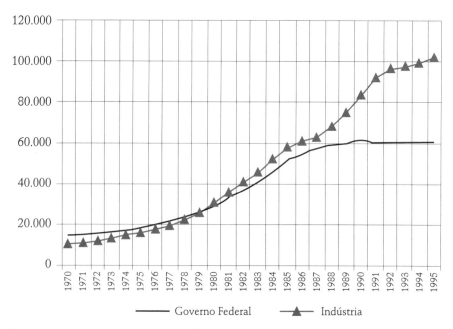

Fonte: elaboração própria com dados da National Science Board.

Repetindo e enfatizando. Estamos falando da *origem* dos gastos (público, privado), mas é preciso também relacionar esses dados com a sua *destinação*, ou, mais especialmente, com o seu uso: a pergunta "quem financia a pesquisa?" deve ser posta ao lado de outra: "quem executa a pesquisa?". No Gráfico 1.8 elaboramos uma representação dessa evolução com dados que colhemos em publicações da National Science Board (Science and Engeneering Indicators – 1996. Tabela 4.4).

A seguir (gráficos 1.9, 1.10, 1.11 e 1.12), com as mesmas fontes de dados, fazemos alguns ensaios para evidenciar as *diferenças entre o que cada um dos setores financia e o que cada um deles executa*. Notar: Todos, exceto governo federal, executam mais do que financiam. Governo federal financia mais do que executa. O governo federal financia sistematicamente pesquisa na indústria, nas universidades e em centros e institutos vinculados a universidades. É só somar as diferenças. Importante notar que, a partir de 1980, seguidas leis de renúncia fiscal subsidiam a pesquisa financiada pela indústria.

Gráfico 1.9 – Diferença entre o que o governo federal financia e executa (em milhões de dólares, 1996)

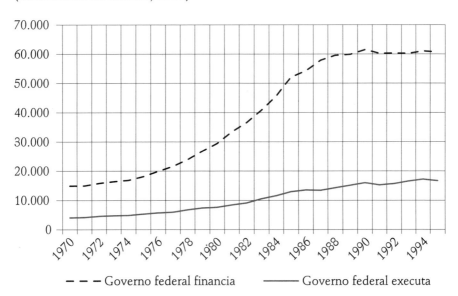

Fonte: elaboração própria com dados da National Science Board.

Gráfico 1.10 – Diferença entre o que a indústria financia e executa (em milhões de dólares, 1996)

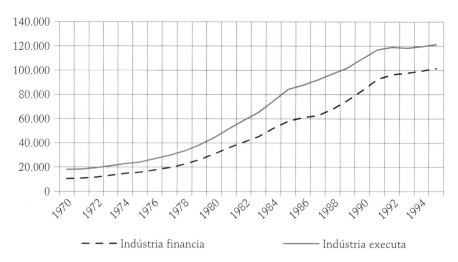

Fonte: elaboração própria com dados da National Science Board.

Gráfico 1.11 – Diferença entre o que as universidades financiam e executam (em milhões de dólares, 1996)

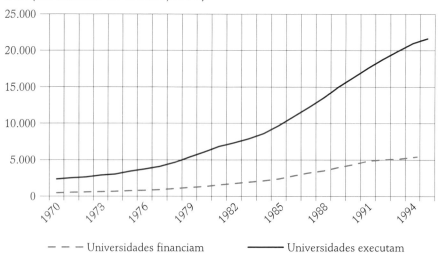

Fonte: elaboração própria com dados da National Science Board.

Gráfico 1.12 – Diferença entre o que centros sem fins lucrativos financiam e executam (em milhões de dólares, 1996)

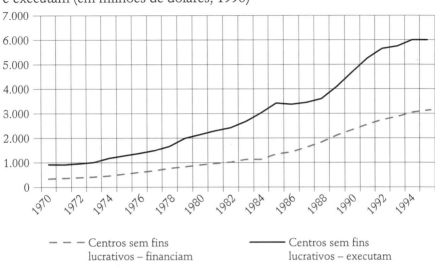

− − − Centros sem fins lucrativos – financiam
——— Centros sem fins lucrativos – executam

Fonte: elaboração própria com dados da National Science Board.

Um parêntese sobre o impacto da "autonomização" crescente da pesquisa na estrutura das universidades

Depois da Segunda Guerra Mundial, a maior parte das universidades de pesquisa (privadas ou públicas) criaram as chamadas ORU (sigla em inglês para "Unidade de Pesquisa Organizada"), aparatos mais ou menos autônomos, do ponto de vista administrativo e orçamentário. Por um lado, as ORU dependem da instituição hospedeira, a universidade. Por outro, elas fertilizam a hospedeira, já que na ORU trabalham professores da universidade, seus estudantes-orientandos etc. A estrada tem mão dupla. As teses e os trabalhos acadêmicos são, em boa parte, produtos da pesquisa programática contratada pela ORU – assim como essa pesquisa programática é beneficiária do trabalho "usual", docente, da Universidade: "o desenvolvimento da pesquisa em uma determinada Universidade reflete em algum grau o nível dos recursos acumulado para fins acadêmicos" (Geiger, 2004, p.140).

Através de diferentes agências, incluindo a NSF, o governo federal lançou vários programas para a criação de centros de pesquisa com esse perfil – ligados às universidades, mas relativamente autônomos no que diz respeito a obtenção de fundos, gestão, contratação de quadros. São agentes com forte investimento federal, mas também abertos à cooperação com empresas. A sigla FFRDC (Federally Funded Research and Development Centers) é usual nos documentos da época (e ainda hoje) – esses centros costumam aparecer como um destino de aplicação de verbas.

As estruturas de pesquisa seguem se diferenciando no campo acadêmico geral. E os gastos com pesquisa seguem também com velocidade maior. No estudo de Geiger, que trabalha com uma amostra de 99 universidades de pesquisa (66 públicas, 33 privadas), o gasto com pesquisa subiu em ritmo bem maior mais do que o número de matrículas, soma de anuidades etc.

É instrutivo olhar para os dados de uma notável instituição, o Massachusetts Institute of Technology (MIT). Vejamos o Gráfico 1.13, retirado de uma publicação comemorativa da universidade:

Gráfico 1.13 – MIT – Escola ou centro de venda de pesquisas?

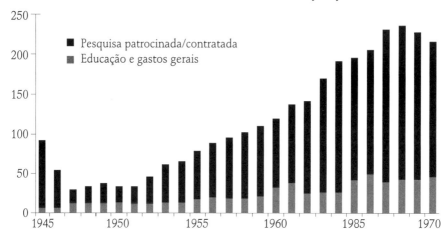

Orçamento anual do MIT, 1945-1970, em milhões de dólares, descontada a inflação (dólares de 1970). A parte de baixo de cada barra representa gastos com educação e operações gerais; a parte de cima representa gastos com pesquisa patrocinada, dominada por agências federais relacionadas com a Defesa. Fonte: reproduzido de Kaiser (2010, p.106).

O título que introduzimos no Gráfico 1.13 é uma provocação. Mas, como responderíamos a essa pergunta? É possível que o retrato das dez principais universidades de pesquisa seja bem parecido com esse. É possível, também, que o retrato das 120 universidades de pesquisa seja algo parecido com esse. Daí faz sentido perguntar o que elas são, quem as sustenta e a quem servem. O que temos espelhado naquele orçamento: uma escola superior que pesquisa e forma pesquisadores? Ou um centro de pesquisa que subsidia cursos de pesquisadores?

Sim, o MIT talvez pareça menos uma escola que faz pesquisa e mais um centro que vende pesquisa a patrocinadores e mantém, em anexo, uma escola de quadros.

Geiger (2004, p.40) aponta essa ambiguidade das ORU e similares, seus efeitos não esperados e eventualmente indesejados. Esse comentário não visa desacreditar ou diminuir a importância das ORU, essa outra invenção norte-americana que procura dar resposta à necessidade de produzir pesquisa encomendada e combiná-la com a atividade "tradicional" das universidades (formação de profissionais, de pesquisadores, eruditos etc.). O elemento relevante na análise, parece-nos, é pensar no modo como se tentou administrar sua ambiguidade e sua eventual tendência à hipertrofia.

As ORU passaram por várias transformações e adaptações. Um momento importante é o final dos anos 1970, quando o governo federal lançou o programa Industry/University Coooperative Research Centers Program (IUCRC).

Nesse programa, há um tipo de "alavancagem" especial que nos parece relevante para o analista brasileiro. A NSF opera como um facilitador ou estimulador para centros que tenham algum tipo de enraizamento. Os professores da universidade tomam a iniciativa, em geral com uma dotação da NSF, e organizam um grupo de empresas para sustentar certa área de pesquisa. O fundo fornecido pela NSF (para cinco anos) tinha de ter uma contrapartida das empresas, aproximadamente cinco vezes maior. Aparentemente, a meta foi atingida. Geiger registra que no ano 2000 esses centros receberam US$ 5,2 bi da NSF, com uma contrapartida empresarial de US$ 68 bi. O vínculo com o setor produtivo era decisivo – para a sustentação e para o apoio da NSF. Por outro lado, o impulso dado pela NSF era estratégico para deslanchar o movimento e cobrar avanços gerenciais, graças aos procedimentos de avaliação da agência (Geiger, 2004, p.199).

Na avaliação de Geiger, esses centros representavam um avanço para as ORU das universidades. O que estimulava tal avanço era a especial relação com a agência pública – federal, de início, imitado pelos estados, depois. Essa relação impunha uma competição por dotações. A universidade precisava apresentar a proposta, uma contrapartida, e parceiros no setor produtivo. E precisava indicar um componente educativo do empreendimento de pesquisa – formação de pesquisadores, treinamento de engenheiros e cientistas etc. Além disso, o projeto tinha de ter uma perspectiva de sobrevivência, de autossustentação, uma vez encerrado o prazo de incubação, isto é, de suporte federal. Mesmo com todas as reedições do programa, supunha-se que onze anos era um prazo máximo para o apoio federal.

O perfil dos centros cobria uma variada escala, que ia do desenvolvimento de tecnologia (tecnologia genérica ou de uso amplo, pré-protótipo) ao suporte ou assistência tecnológica, através de colaboração com pesquisa do parceiro produtivo, oficinas e consultorias (ibidem, p.198).

Peculiaridades da pesquisa nas *life sciences*

Quando discriminamos as áreas de pesquisa, fica evidente o crescimento do gasto nas chamadas *life sciences*, já no final dos anos 1980: quase cinco vezes o das ciências físicas. E quase quatro vezes o das engenharias. E também foi enorme o gasto *federal* nessa área, de grande interesse para empresas privadas: 60% do total do financiamento para pesquisa acadêmica nessa área veio do governo federal (Graham; Diamond, 1997, p.134).

A pesquisa nesse campo – Biologia, Medicina – também ganha contornos próprios. Ganha destaque a pesquisa médica ligada menos à chamada pesquisa básica e mais à prática clínica, ao desenvolvimento de procedimentos, aparelhagens e fármacos ligados a tratamentos e cura de doenças selecionadas. Universidades que possuem uma escola de medicina, nesse sentido, saem na frente na captura de recursos.

Cole (2009) chama atenção para o fato de que o setor de saúde – tanto as escolas médicas quanto a "indústria" da saúde – tinha escapado das manifestações contra a influência do complexo industrial-militar na academia. Nos remanejamentos dos grandes fundos de pesquisa, nos anos 1970, isso parecia ser uma vantagem. Entre 1971 e 1981, o orçamento do National Institutes of Health (NIH) para pesquisa acadêmica cresceu significativamente, um aumento real (descontada a inflação) de 50%. E esse investimento contava com o apoio claro e seguro dos dois grandes partidos (Cole, 2009, p.158).

Um estudo de Powel e Owen Smith (2002, p.118, tradução livre) sintetiza esse movimento dos recursos:

> [...] os investimentos privados e federais em Pesquisa e Desenvolvimento na biomedicina são hoje maiores do que em qualquer outro setor da economia. Aproximadamente 56% do gasto total, público e privado, para Pesquisa e Desenvolvimento em universidades foram para as ciências da vida. Em resumo, não há perspectiva de mudança nestas tendências. Os investimentos são tão significativos, o âmbito de descoberta tão amplo, e a melhoria, e potencial de melhoria, na saúde humana tão consideráveis, que o complexo biomédico movimenta hoje uma porção central das economias das nações industriais avançadas. E as universidades são participantes altamente importantes nestes desenvolvimentos.

Importante ressaltar que não era apenas a academia ou as políticas das agências de financiamento que se alteravam. Ao lado disso, cf. indica Geiger (2004, p.144), mudanças significativas ocorriam, também, naquilo que se poderia chamar de "negócio da saúde". Nas duas últimas décadas do século, os preços desses serviços alteraram esse ramo econômico, que envolvia, fundamentalmente, governos, seguradoras e planos. Esses agentes lideravam uma pequena revolução no gerenciamento do sistema. Tradicionalmente, as rendas das clínicas serviam largamente para subsidiar a educação médica e a pesquisa (quase um terço), mas esse modelo foi sendo esgotado. O corpo médico das escolas foi sendo levado a realizar mais

Modelos internacionais de educação superior

serviços e com mais eficiência. De outro lado, a pesquisa médica passou a depender mais dos recursos do NIH e da indústria.

A situação econômica geral do país não era tão boa e isso tinha impactos na academia. Ainda assim a ciência médica foi o setor que mais cresceu e com mais rapidez, mais do que a física, por exemplo (Geiger, 2004, p.144). Algumas mudanças qualitativas e paradoxos surgem desse crescimento. Do ponto de vista intelectual, epistemológico, os médicos estão cada vez mais ligados à biologia molecular e à genômica, compartilhando espaço e experiência com biólogos e pesquisadores agrícolas, por exemplo. Cria--se, por assim dizer, um novo ambiente de investigação e invenção. Por outro lado, a pesquisa médica, em si, vira um campo com dinâmica muito própria de crescimento. Pode-se dizer que se torna um mundo dentro do mundo acadêmico.

Esse movimento beneficia algumas universidades mais do que outras. Aquelas que já possuíam centros médicos relevantes saem na frente. E se destacam nas pesquisas financiadas, nas licenças vendidas, nas patentes obtidas, nas empresas *startup* que incubam ou fazem surgir. Geiger (2004, Tabela 13) traz alguns dados a respeito. Deve-se fazer uma ressalva, porém: embora possamos falar de crescimento de rendas obtidas pelas universidades com licenças e patentes, os valores impressionam bem menos quando se confronta com a chamada "ordem de grandeza" fornecida pelos orçamentos globais das universidades. Assim, Harvard, que registra cerca de 25 milhões de dólares em rendas de licenças e pesquisa comercial, tem um orçamento anual da ordem de 6 ou 7 bilhões. E iguais comparações poderiam ser feitas com universidades de Stanford (cerca de 60 milhões de rendas com licenças e patentes, orçamento anual de mais de 3 bi), Yale (35 milhões contra 3,5 bi), MIT (20 milhões, 2,5 bilhões). As contas podem ser feitas confrontando os dados da *Fortune 500* de 2004 e 2006; do NCES (2006) e os levantamentos de Powel e Owen-Smith (2002, p. 112, Tabela 4.1).

Essa ascensão da pesquisa no campo das *life sciences* tem, porém, um outro efeito, nada desprezível, no interior das universidades, afetando as relações internas de força, poder e prestígio.

Enfatizemos um ponto: as escolas de medicina ganham maior relevância dentro das universidades. E seu corpo docente-pesquisador muda. Entre 1968 e 1988, diz Cole (2009), nas 12 principais escolas médicas do país, há um grande crescimento da área de Biologia básica, mas, ainda mais, muito mais, dos departamentos clínicos. Esses últimos veem seus orçamentos decolarem, de modo que, na última década do século estavam hospedando mais pesquisa financiada do que os departamentos de ciência "básica". Cole (ibidem, p.159) chega a dizer que os professores capazes de alavancar projetos no NIH viraram "mercadorias valiosas".

Assim, o que se desenvolve, mais do que tudo, é um *determinado campo* de pesquisa médica ou de *"life sciences"*. Como dissemos, cresce uma

29

pesquisa médica ligada menos à chamada pesquisa básica e mais à prática clínica, ao desenvolvimento de procedimentos, aparelhagens e fármacos ligados a tratamentos e cura de doenças selecionadas.

É verdade que as escolas médicas já vinham se transformando bastante desde 1960, mas, em tempos recentes, essa mudança se acelerou, com enormes avanços não apenas no conhecimento da área em geral, mas com as novas tecnologias e pesquisas aplicadas. E as escolas de medicina e suas pesquisas cresceram tanto que mudaram a face de muitas universidades. Mudaram também as hierarquias entre as diferentes universidades: aquelas que tinham uma escola de medicina grande e dinâmica ocupavam outro lugar especial na constelação. Cole (2009) sugere que, nesse caso, a cauda (faculdade de medicina ou, mais precisamente, seus hospitais e departamentos clínicos) está abanando o cão (universidades).

Nesse movimento de crescimento e diferenciação, um papel importante coube às políticas públicas (sobretudo as federais) no campo da saúde pública. O programa Great Society de Lyndon Johnson é inevitavelmente citado nesse contexto. Buscando expandir a cobertura da assistência médica, Johnson impulsionou significativamente o ramo, com programas médicos federais como Medicare e Medicaid. O governo se dispunha a reembolsar hospitais e médicos pelo custo total dos serviços que prestavam. Isso dava a esses empreendedores da saúde um grande incentivo para ampliar tais serviços e trazer para a universidade uma nova fonte de renda, diz Cole (2009, p.159).

Assim, aumentavam as rendas das escolas de medicina e dos hospitais e, claro, as rendas de médicos e pesquisadores da área. Na Johns Hopkins, por exemplo, as rendas com pesquisa financiada representavam cerca de 75% dos dispêndios totais da universidade em 1970 – a maior parte era recurso federal, com a prática médica representando apenas uns 3% do total das fontes da escola de medicina. Em 1990, esse segmento representava um terço do orçamento da faculdade. Em dólares, houve um salto de US$ 1 milhão para 140 milhões (Graham; Diamond, 1997, p.125; Cole, 2009, p.159).

Outro exemplo, além de Johns Hopkins, é Columbia, a tradicional universidade do norte de Manhattan. O Centro Médico dessa universidade inclui escolas de medicina, saúde pública, enfermagem e odontologia. Representava cerca de 13% do total dos gastos de Columbia em 1949-1950 e apenas 11% em 1960-1961. Em 1972-1973, o centro médico já representava 37% do orçamento total; o valor passa para 40% em 1989-1990 e continuava a subir. Em 1995-1996 ele representava quase a metade do orçamento; em 2005-2006, 54%. Os números relativos ao pessoal envolvido também vão nessa direção. Graham e Diamond (1997) mostram que o corpo docente voltado para a chamada "ciência básica" cresce menos de 40%, entre 1968 e 1988. Enquanto aquele voltado para a pesquisa clínica cresce cerca de 160% (ibidem, p.126).

Modelos internacionais de educação superior

Interações com a comunidade e com as empresas

As últimas décadas do século XX – e em especial os anos 1990 – viram uma mudança de humor, no mundo acadêmico norte-americano, com relação aos compromissos com o setor privado e o mercado de capitais. A desconfiança cede lugar à expectativa de cooperação e de fonte de receitas. Mais do que isso, o trabalho com o "mundo dos negócios" é cada vez mais apresentado como um dever social ou como um imperativo nacional, em um mundo de acirrada competição. Multiplicam-se os programas cooperativos de educação e investigação com corporações e as universidades envolvem-se em atividades comerciais através de parques de pesquisa, patentes, incubadoras de empresas e fundos de capital de risco (Geiger; Heller, 2011, p.1).

Cole (2009, p.196-7) recorda como Stanford e as universidades de Massachusetts (em especial o MIT) procuraram medir os impactos econômicos e sociais de suas escolas na vida local. No caso de Stanford, seus relatórios mostravam que desde a criação da Hewlett-Packard, em 1939, mais de dois mil membros da sua comunidade acadêmica haviam fundado cerca de 2.500 empresas. E elas incluíam alguns gigantes atuais como Cisco Systems, Google, Hewlett-Packard, Sun Microsystems e Yahoo. A isso se associa a prosperidade e a fama do chamado Vale do Silício. As empresas umbilicalmente ligadas a Stanford sistematicamente encabeçavam os *rankings* de faturamento do Vale. Quando recolhemos o levantamento conhecido como "Silicon Valley 150" – publicado anualmente pelo *San Jose Mercury-News,* vemos que esse seleto grupo "stanfordiano" é responsável por 55% do total de rendas das 150, em 2008. No indicador "valor de mercado", as companhias fundadas pelos stanfordianos representavam 50% do total das 150.[8]

Algo de parecido acontecia no outro lado do país. Um estudo do Banco de Boston, em 1997, enaltecia esse vínculo saudável entre a economia local e suas universidades, através da pesquisa e dos empregos dependentes do conhecimento, os *knowledge-driven*. As universidades, diz o relatório, atuavam como um magneto para as atividades de P&D de várias empresas nacionais e internacionais, como Amgen, Cisco, Merck, Novartis, Pfizer e Sun Microsystems, por exemplo.

Outros estudos similares foram produzidos nos anos seguintes, sempre enfatizando essa cooperação benéfica para os dois lados, incluindo a atração de "cérebros" para a região, a multiplicação de patentes e licenças, a criação de *startup companies*. As bilionárias verbas federais de pesquisa e aquelas derivadas da cooperação com a indústria faziam que surgissem

---

8 Curiosamente – e para desconforto do fisco norte-americano –, número significativo dessas grandes empresas abdicou da "nacionalidade" americana, fixando sua sede jurídica (e, portanto, tributária) em paraísos fiscais.

grandes empresas locais, como Akamai Technologies, Biogen, Delphi Communication Systems e Genome Therapeutics.

O relatório do Banco de Boston era mais do que entusiástico com relação ao MIT. No seu cômputo, se as cerca de 4 mil empresas fundadas pela comunidade do MIT fossem somadas, representariam a 24ª Economia do mundo! Ainda que relativizemos o entusiasmo e os cálculos, a preocupação com a afirmação é relevante: os negócios fazem bem para a universidade e vice-versa, diz o Banco. E a comunidade acadêmica parece concordar.

Alguns analistas lembram a trajetória das grandes universidades norte-americanas e sugerem que elas passaram pela fase *land grant*, depois pela *federal grant* da era dourada. Agora, no final do século XX, esperavam entrar numa era pelo menos parcialmente *patent grant*.

É cada vez mais clara a influência das patentes e licenças nas finanças do pelotão de elite das universidades, afetando a diferenciação interna às instituições. Geiger (2004, p.216-7) lembra que a atividade de buscar patentes não é exatamente nova nessa história – há movimentos dessa natureza desde o começo do século XX. Eles existiam antes de 1970, isto é, antes das inovações legislativas que estimularam tal atividade, mas as patentes eram pouco representativas no total. Nos anos 1990, depois de várias normas legais do campo, a obtenção de patentes torna-se uma preocupação relevante entre as lideranças acadêmicas, ainda que o total produzido pelas universidades de pesquisa represente apenas uns 2% do total de patentes nacionais. E elas parecem ter um traço específico com relação ao geral da indústria: são dominadas pelas indústrias biomédicas.

Geiger observa que as patentes são mais efetivas, no que diz respeito à proteção dos direitos do criador, quando se referem a inovações mais definidas, mais focadas. Também são mais efetivas com produtos do que com processos. E acentua um paradoxo: o patenteamento é decisivo para a área de drogas e produtos químicos, mas a maior parte de patentes, no país, está nos campos da mecânica e elétrica, em que o patenteamento desempenha papéis múltiplos. Não se trata apenas de impedir a cópia. A patente também serve para bloquear o desenvolvimento de produtos correlatos, marcar pontos nas negociações, e assim por diante. Para as universidades, a renda dos licenciamentos é a principal motivação.

Nos Estados Unidos, diz Geiger (2004), o número de patentes começa a crescer no meio dos anos 1980, depois de duas décadas de relativa estagnação. E no final dos anos 1990 tinham dobrado. De início, a maioria ia para invenções elétricas ou mecânicas; patentes farmacêuticas e médicas representavam menos do que 10%. As patentes geradas na academia cresceram bem mais rapidamente – e o crescimento era liderado precisamente pelo campo médico e farmacêutico: um salto de 18% para 46% das patentes acadêmicas. E mais importante do que esse número, diz Geiger, é o *volume das rendas* de licenciamento:

Patentes médicas e farmacêuticas fornecem, de longe, a parte mais importante da receita de licenciamento para os principais participantes. Para as vinte universidades que arrebanharam a maior quantidade de royalties em 1997, 81% da receita veio de patentes de ciências da vida. Sem estes ganhos, a escala atual do patenteamento acadêmico não poderia ser sustentada. (Geiger, 2004, p.217)

A esse respeito, vejamos o Gráfico 1.14 elaborado por Powell e Owen-Smith (2002, p.110). Ele mostra o crescimento do total de patentes, sobretudo a partir do final dos anos 1980. Mas indica, também, o alto e crescente percentual coberto pela invenção de novas drogas.

Gráfico 1.14 – Total de patentes e percentual de farmacêuticas

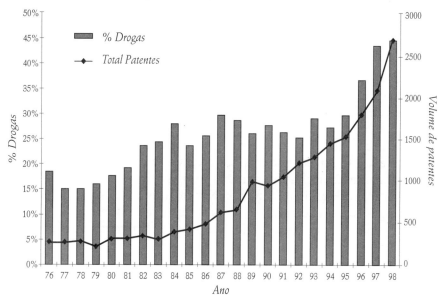

Fonte: traduzido e adaptado de Powell e Owen-Smith (2002, p.110).

Um grande número de universidades entrou nessa corrida pelas patentes e pela transferência de tecnologia. Em especial, a chamada "revolução biotecnológica" atraiu financiamentos crescentes para essa área.

A lei de patentes conhecida como Bayh-Dole foi um dos estímulos para a corrida às patentes. Ou quem sabe, tenha sido um dos sintomas? A nova lei permitia que as universidades ficassem com direitos de propriedade intelectual para descobertas feitas com financiamentos federais, exatamente os fundos que suportavam dois terços da pesquisa acadêmica. Outras medidas legais reforçavam essa tentativa de fortalecer os direitos de propriedade intelectual e de comercialização das descobertas feitas na universidade. Reforçavam também a crença nesse achado econômico (Geiger, 2004, p.217).

Mais do que afetar o orçamento global das universidades, o ganho com as patentes e licenças foi mais um fator de concentração de poder e de dinheiro e de diferenciação entre as instituições e dentro delas. Quando atentamos para os dados reunidos por Powell e Owen-Smith (2002, p.111), notamos que, no universo das cerca de 120 universidades de Pesquisa I da classificação Carneggie, as dez do topo absorvem grande parte dos resultados.

Na interpretação de Geiger, a área de ciências da vida não era apenas a que mais fervilhava com esses novos ventos, era também uma área que tendia a modificar profundamente a interação entre academia e mundo dos negócios, criando formas e procedimentos bem diferentes daqueles antes vividos pela física, química, engenharias (Geiger, 2004, p.223 e 227-8). O autor registra a "troca" entre indústria e cientistas na área da física: laboratórios, equipamentos, bolsas para estudantes e assistentes. No caso das ciências da vida, a coisa vai um pouco além, as patentes são mais lucrativas e produzem capital financeiro para impelir o processo de pesquisa. As patentes são cruciais para seduzir capital de risco ou investimentos pesados. O tamanho é relevante, tornando os cientistas da área mais capazes de construir grandes equipes, publicar mais, competir mais pelas verbas do NIH. O diferencial aparece mais claramente na criação das chamadas *startup companies* – ambientes de teste e fermentação de novas ideias, novos projetos e, claro, novos produtos comercializáveis. Os físicos e engenheiros geralmente são inclinados a migrar para as firmas "incubadas" no processo, mesmo que temporariamente. Nas ciências da vida, diz Geiger, eles ficam nos dois lados do processo, simultaneamente. As fronteiras são bem menos nítidas – e são menos nítidas também as fronteiras entre pesquisa básica, aplicada e pesquisa para desenvolvimento. A imagem linear da relação entre ciência e aplicação comercial – que de certo modo alimentava a política científica norte-americana desde o famoso relatório de Vannevar Bush – fica ainda mais difícil de sustentar.

Geiger assim descreve a simbiose público-privado, acadêmico-industrial, daquilo que chama de biocapitalismo:

> No biocapitalismo, os papéis econômicos são modelados pelas principais fontes de capital: investimentos no sistema de pesquisa, principalmente, mas de modo nenhum exclusivamente dos Institutos Nacionais de Saúde (NIH); capital de risco para empresas iniciantes; e os gigantescos fluxos de receita das corporações farmacêuticas multinacionais, que apoiam os maciços investimentos em Pesquisa e Desenvolvimento. As descobertas fecundas da ciência acadêmica se tornam possíveis principalmente pelo grande investimento público em pesquisa biomédica. Este enorme subsídio torna os frutos da pesquisa acadêmica relativamente abundantes e econômicos, o combustível que anima o biocapitalismo. Em alguma medida, as corporações exploram diretamente este veio de pesquisa

académica a montante (consultores, contratos de pesquisa, licenças), mas como geralmente ocorre na pesquisa acadêmica. Pesquisa e Desenvolvimento adicionais são frequentemente necessários para mais descobertas quanto à sua utilização. (Geiger, 2004, p.226-7)

Também Powell e Owen-Smith (2002, p.114) apontam para a singularidade dessa área, no que diz respeito à ligação com as empresas:

> Seria incorreto argumentar que as empresas de biotecnologia estão começando a se parecer com universidades ou vice-versa. As empresas privadas empenhadas na ciência básica ainda têm, antes de tudo, uma preocupação com o sucesso comercial. E as receitas de licenciamento, na maioria das universidades, constituem uma porcentagem muito pequena do orçamento operacional total. Além disso, estes desenvolvimentos estão ocorrendo em uma área bem incomum. As ciências da vida são notáveis precisamente porque são diferentes. Em outras áreas de inovação tecnológica, as descobertas frequentemente começam nos laboratórios do governo ou das universidades e migram para o setor privado para desenvolvimentos a jusante. Uma vez que ocorre esta transferência, conexões entre as universidades e empresas são geralmente limitadas ao emprego de estudantes, relações de consultoria para alguns professores, e possivelmente doações das firmas para as universidades. As ciências da vida são um caso novo em que a pesquisa básica continua a ter um papel fundamental na condução do desenvolvimento comercial, a integração entre pesquisa básica e clínica está em processo e as empresas privadas contribuem na ciência básica e as universidades nos desenvolvimentos clínicos a jusante. Como resultado, há conexões complexas entre organizações de pesquisa públicas e entidades privadas, e as carreiras nas ciências da vida hoje frequentemente envolvem a participação nos dois tipos de organização.

O capital de risco financia um grande número de empresas *startup* no campo da biotecnologia. E elas são fundamentais para o processo de transferência de tecnologia. Elas absorvem frutos da pesquisa acadêmica (pessoal e descobertas), ensaiam e testam produtos intermediários, que depois são desenvolvidos em escala pelas grandes corporações. O ambiente, a forma, o modo de agir desses *startups*, diz Geiger (2004), é reconhecidamente semelhante ao do mundo acadêmico. E o mundo acadêmico abriga importantes segmentos do chamado empreendedorismo biotecnológico.

Tanto as universidades quanto as empresas, assim como os empreendedores nas duas instituições ganham com esse fluxo – dinheiro público mais capital de risco – que impulsiona potenciais inovações. E para os pesquisadores, uma situação nova e vantajosa se apresenta:

> Não se deve subestimar a energia exigida para lançar uma companhia nova (startup), ou para desenvolver uma invenção até o estágio em que ela finalmente gera

Reginaldo C. Moraes • Maitá de Paula e Silva • Luiza Carnicero de Castro

renda. A questão, na verdade, é que empreendedores acadêmicos podem fazer estas coisas enquanto ainda recebem um salário confortável. Tanto as universidades quanto seus biólogos ocupam posições vantajosas no biocapitalismo, partilhando a renda, mas assumindo pouco do risco. (Geiger, 2004, p.228)

Assim, não é de surpreender o dado que Geiger (ibidem, nota 115, p.312) registra em um rodapé: as firmas de biotecnologia levantaram um capital de 5,4 bilhões em 1998, 11,8 bilhões em 1999, e 37,6 bilhões em 2000. Um crescimento notável.

As rendas das universidades aumentam, a dos professores-pesquisadores idem. Essa sociedade é sem dúvida bem conveniente para as empresas. Elas também investem no processo. Mas, embora possam ser sócios menores no *input*, aparentemente beneficiam-se em mais larga escala com os resultados.

É curioso o comentário de Burton Clark (1995), que procura enfatizar o crescente ingresso da indústria como financiador da pesquisa, com o correspondente declínio relativo do governo federal. Ao mesmo tempo que afirma essa nova proporção fornece dados que apontam a importância ainda grande do governo federal para a pesquisa *acadêmica*, a participação ainda pequena da indústria, desproporcional, provavelmente, aos benefícios que pode obter com resultados comercializáveis da pesquisa:

> Se o empreendimento de pesquisa nas universidades norte-americanas foi muito mais vigoroso em 1990 do que uma dúzia de anos antes, o governo federal, na verdade, mereceu apenas parte do crédito. Os aumentos federais em apoio durante este retorno à prosperidade foram menores do que os aumentos de fontes não federais: para o período 1977-1987, 4% ao ano comparado a 7%, respectivamente. As fontes não federais, para gastos universitários em pesquisa e desenvolvimento orçados separadamente, cresceram de menos de um terço do total em 1977 para quase dois quintos em 1987: o quinhão do governo federal caiu de 67% para 61%. Enquanto que ao fim deste período o governo federal fornecia US$ 7,3 bilhões, as outras fontes reuniam não desprezíveis US$ 4,8 bilhões. No topo da lista de provedores estavam as próprias instituições, capazes de fornecer US$ 2 bilhões (em dólares de 1987). Em segundo lugar estavam os governos locais e estaduais, oferecendo mais de um bilhão de dólares. E todas as outras, incluindo fundações privadas, contribuíram com mais de US$ 800 milhões. Essencialmente, para o item separado de investimento em capital ou infraestrutura de pesquisa (esses US$ 1,8 bilhões mencionados acima, para 1987) mais de 90% vieram de fontes não federais. (Clark, 1995, p.131-2, tradução nossa)

Ora, façamos as contas com os números mencionados por Clark:

Quadro 1.3 – Origem dos recursos das universidades de pesquisa

	US$ bilhões
Governo federal	7,30
Universidades	2,00
Estados e localidades	1,00
Empresas	0,75
Fundações privadas	0,80
Total	11,85

Clarck Burton inicia seu comentário dizendo que o governo federal merece apenas uma parte do crédito pelo financiamento. Ora é uma parte e tanto, pelos números que ele mesmo fornece.

Como é a empresa que vai transformar o conhecimento obtido em produto na prateleira (e retorno das vendas), deve valer a pena participar com pouco mais de 6% do investimento na pesquisa. Mesmo que consideremos como "empresarial" a parte das fundações privadas, ainda que largamente constituídas por renúncia fiscal, esse percentual não passa dos 13%. Parece um gasto razoável, para controlar um ramo tão produtivo no presente e tão promissor para o futuro.

Nota sobre o recente crescimento do ensino superior privado com fins lucrativos

A educação superior norte-americana foi majoritariamente privada até a Segunda Guerra Mundial. A partir daí, "estatizou-se" cada vez mais. Hoje, 71% do alunado frequentam escolas públicas. A maior parte delas são *colleges* e universidades estaduais; algumas são municipais, como a City University de New York. Uns outros 20% frequentam escolas privadas sem fins lucrativos (como Harvard, Stanford, Chicago, Columbia etc.).

Nos anos 2000 um setor antes bastante marginal teve razoável crescimento – o ensino privado com fins lucrativos. Hoje abriga mais de 10% dos estudantes de nível superior. É ainda bastante minoritário, mas cresceu bem e de modo algo predatório. É relevante compreender como e por que cresceu esse setor. E quais as consequências desse modo de expansão.

Comecemos pelas prováveis razões da expansão, tão grande nos anos 2000.

Aparentemente isso não teria sido possível se os outros setores (público e *non-profit*) também não tivessem entrado em uma rota de "privatização", para usar os termos de Roger Geiger, isto é, de dependência crescente de anuidades e taxas, para seu custeio. A elevação das anuidades é contrastante com o a estagnação da renda média das famílias e, mais ainda, com o assombroso crescimento das desigualdades de renda (cf. Gráfico 1.15).

Gráfico 1.15 – Encarecimento das anuidades, 1980-2008

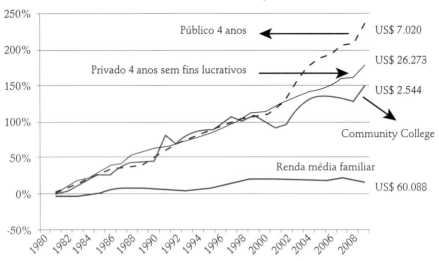

Fonte: reproduzido de Geiger; Heller (2011, p.3).

Em estudo recente, Steven Brint (2007) compila algumas indicações da "seletividade" (econômica) das universidades de pesquisa, públicas e privadas. Em 2003, a renda familiar mediana, nos Estados Unidos, era de US$ 43.500,00. Nesse mesmo ano, nas universidades privadas mais seletivas, apenas uns 11% dos estudantes estavam dentro dessa faixa. Em 2005, destaca Brint, perto de 40% dos ingressantes, nas mais seletivas privadas, tinham renda familiar estimada de US$ 150 mil ou mais. No conjunto das escolas privadas esse percentual era de quase 40%. Nas universidades públicas, o percentual desses "mais ricos" era de 20%. Apenas 7% das famílias norte-americanas têm renda nesse nível (mais de 150 mil dólares).

O tamanho da "indústria de educação superior" é bastante significativo, no seu conjunto. Mas algumas de suas unidades merecem destaque. Brint monta o instigante quadro a seguir, referente às instituições *sem fins lucrativos* (Quadro 1.4):

Quadro 1.4a – Universidades que poderiam figurar no *Fortune 500* de 2004*

	Ranque do ano	*Orçamento*
Harvard University	279	$ 6.3 bilhões
Stanford University	449	$ 3.5 bilhões
Yale University	456	$ 3.4 bilhões

As cifras são baseadas nas rendas totais
Fonte: *Fortune 500* (2004; 2006); National Center for Education Statistics (2006).

Modelos internacionais de educação superior

Quadro 1.4b – Outras universidades com renda total que supera o valor de $ 1,8 bilhões (em 2004)

University of Michigan	$2,6 bilhões
MIT	$ 2,6 bilhões
Johns Hopkins University	$ 2,3 bilhões
Columbia University	$ 2,2 bilhões
University of Pennsylvania	$ 2,2 bilhões
UCLA	$ 2,2 bilhões
Penn State	$ 2,0 bilhões
Duke University	$ 1,8 bilhões

Fonte: Brint (2007, p.94, Tabela 6).

Mas o setor privado com fins lucrativos, ainda que em menor escala, também tem suas estrelas. As maiores são as seguintes (Quadro 1.5):

Quadro 1.5 – Orçamento de algumas instituições privadas

Instituição	Matrículas
University of Phoenix (Apollo Group)	455.600
Education Management Corporation	136.000
Career Education Corporation	113.900
Kaplan Higher Education	103.800
Devry Inc.	101.600
Corinthian Colleges	93.000
American Public University	90.000
ITT Educational Services	79.200
Walden University	46.000
Capella University	35.000

Fonte: Fonte: Brint (2007).

Ao que tudo indica, o setor privado "acolhe" um conjunto de estudantes que vê como difícil ou mesmo impossível o ingresso em escolas públicas, mesmo os baratos *community colleges*. De certo modo, esse público "antecipa sua exclusão". Ao mesmo tempo, as escolas-empresa montaram esquemas muito agressivos de "venda de financiamento" aos estudantes, no limite da irresponsabilidade. Os relatos que começam a aparecer, nos últimos anos, registram alguns circos de horrores, similares às vendas de hipotecas claramente fraudulentas que levaram à bolha e crise das tais *subprimes*, em 2008.

Isso só se tornou possível pela confluência desses dois fatores – o setor público reflui e se torna mais caro e inacessível e, por outro lado, as escolas-empresas e seus lobistas em Washington conseguem reformar as leis e normas, de modo a tornar tais empresas elegíveis para receber créditos e vantagens outrora apenas reservados a escolas públicas ou sem fins lucrativos.

Os números parecem indicar as manobras que os tornaram possíveis. No ano 2000, os *for-profit* receberam cerca de US$ 1,1 bilhão do programa federal de bolsas Pell Grants. As *non-profit private* receberam US$ 1,5 bilhão e as escolas públicas receberam US$ 5,4 bilhões. Agora compare com os dados de 2010: os *for-profit* receberam US$ 7,5 bilhões, as *non-profit*, US$ 3,9 bi, e as públicas, US$ 18,4 bi.

A agressividade das "vendas" de escolas *for-profit* pode ser vista nas suas táticas comerciais: a criação de volumosas equipes de "recrutadores", isto é, de vendedores de vagas movidas a crédito (endividamento), muito similar às de vendedores de hipotecas podres de dez anos atrás. Essas escolas gastaram, em 2009, mais de 4 bilhões de dólares com marketing e com equipes de vendedores, isto é, de recrutamento e admissão. Quando somamos as 30 principais empresas desse tipo, verificamos que contrataram mais de 35 mil "recrutadores" em 2010, cerca de um "vendedor de vagas" para cada 50 estudantes matriculados.

Quando insistimos em fazer o paralelo com a venda de hipotecas isso não é uma brincadeira ou jogo. A dívida estudantil já tem sido apresentada como grande bolha, constituindo a segunda dívida privada do país (já superou cartão de crédito e compra de veículos). O site Mother Jones compila outros dados preocupantes sobre esse tópico (cf. Quadro 1.6):

Quadro 1.6 – Estudantes com dívidas

Colleges lucrativos	96%
Community colleges	13%
Universidades e faculdades públicas	48%
Escolas privadas sem fins lucrativos	57%

A inadimplência é de 1 em cada 25 estudantes que se formam, na conta geral. Mas, entre os estudantes de escolas privadas de curta duração (dois anos), a proporção é de 1 para 5. E no setor com fins lucrativos em geral (dois anos ou 4 anos), 47% dos estudantes são inadimplentes. Fonte: Mother Jones – "Screw U: How For-Profit *Colleges* Rip You Off". Disponível em: <http://www.motherjones.com/politics/2014/01/for-profit-*college*-student-debt/>. Acesso em: 31 jul. 2017.

Em 2010, o Educacion Trust – centro independente dedicado à análise (e defesa) da educação para todos – produziu um exame crítico do setor privado lucrativo. Utilizando dados do Departamento de Educação, no relatório intitulado *Subprime Opportunity: the unfulfilled promise of for-profit colleges and universities,* o centro registrou:

Modelos internacionais de educação superior

No ano letivo de 2008-2009, as faculdades com fins lucrativos receberam US$ 4,3 bilhões em bolsas do programa federal Pell-Grant – quadruplicaram a quantidade que receberam dez anos antes. E receberam, ainda, aproximadamente US$ 20 bilhões em empréstimos estudantis federais. Como resultado deste grande investimento federal, em média, a escola com fins lucrativos extrai 66% de sua receita de auxílio federal ao estudante [...], a gigante Universidade Phoenix abocanhou mais de 1 bilhão de dólares só do Pell Grant em 2009-2010 [...]. O rápido crescimento e os níveis de lucro recorde relatados por estas instituições poderiam ser aceitáveis se os alunos tivessem razoáveis taxas de êxito, de conclusão de curso. Mas não é o que acontece. Alunos de baixa renda e negros terão acesso, mas não muito sucesso.

O relatório sublinha as ineficiências desse segmento – quando levamos em conta suas taxas de conclusão. Considerando um período "folgado" de seis anos, a taxa de conclusão é de 20,4% – contra perto de 60% dos outros segmentos (público e privado sem fins lucrativos). A Universidade de Phoenix tem taxa ainda mais baixa – de 9%! Esse é também o segmento com maior proporção de estudantes em débito – e com débitos significativamente maiores. Em suma, ao que tudo indica, é um segmento altamente enganoso e predatório. O título do relatório faz alusão à crise das hipotecas que sacudiu as finanças norte-americanas em 2008. E parece fazer sentido. Outra bolha? É o que parece acontecer, a ponto de o tema ter sido constante nas falas de Barak Obama.

Universidade de Phoenix: o modelo privado em seu estado puro

O cenário geral talvez ganhe contornos mais claros (e mais dramáticos) se observarmos alguns casos. Vejamos, por exemplo, a Universidade Phoenix, do grupo Apollo, um gigante do setor privado. Com perto de 450 mil estudantes, tem 30 mil professores, apenas 1.500 em tempo integral. Oferece cursos em carreiras bem-definidas e estritas: administração, saúde (auxiliares de enfermagem e cuidadores, técnicos de raio x, tecnologia da informação, educação, justiça criminal, política técnica etc.).

Seu público-alvo é constituído de adultos que trabalham. Dos diplomas que distribui, atualmente, 76% são de cursos de Administração e Gestão. Mas o nicho ocupado pela Phoenix é definido menos pelo conteúdo e mais pelo modo de fornecê-lo. Oferecendo cursos modulares de cinco semanas para turmas definidas de estudantes, a Phoenix minimizou os custos de oportunidade, bem como o esforço requerido para receber seus diplomas. Quando o objetivo é uma credencial, a educação pode ser racionalizada, por assim dizer. Ao contrário de universidades sem fins lucrativos, as corporações educacionais com fins lucrativos replicam planos de negócios bem-sucedidos criando unidades adicionais, que são geralmente de tamanho modesto. Instalam-se em lugares variados e mutantes, próximos de seus públicos. Galpões comerciais reformados, salas-lojas de shopping-centers, por exemplo. A expansão é facilitada pelo tipo de padronização que impõem ao processo educativo. A Phoenix "desmembrou" o papel do professor. O conteúdo é fornecido por "designers" de cursos profissionais, que começam com "objetivos do aprendizado" e então montam materiais que vão realizar aqueles objetivos. Séries metódicas e muito focadas. Tudo deve ser pré-empacotado e simplificado de modo que os cambiantes conjuntos de professores em tempo parcial (na verdade, empregados autônomos) só precisam "entregar" esse material aos estudantes pelo país (cf. Geiger; Heller, 2011, p.13).

O grande crescimento desse tipo de instituição, bem como seu impacto na qualidade do ensino e no endividamento das famílias, lança alguma preocupação para os formuladores de política educacional. E, podemos acrescentar, sugere alguma reflexão para países que tentam replicar tal modelo.

Referências

AMERICAN ASSOCIATION OF COMMUNITY COLLEGES. *Reclaiming the American Dream*: a report from the 21st-Century Commission on the Future of Community colleges. Washington, DC: 2012, April. Disponível em: <http://www.aacc.nche.edu/21stCenturyReport>. Acesso em: 17 ago. 2017.

AUD, S.; HANNES, G. (Ed.). *The condition of Education 2011 in brief* (NCES 2011-034). U. S. Department of Education, National Center for Education Statistics. Washington, DC: U. S. Government Printing Office, 2011.

BAILEY, T. Challenge and opportunity: rethinking the role and function of developmental education in Community college, *CCRC Working Paper*, n.14, Nov. 2008.

BAILEY, T. R.; AVERIANOVA, I. E. *Multiple Missions of Community colleges*: conflicting or complementary? Columbia University, NY: C. Colleges Research Center, 1998.

BAKER, G. A. III (Ed.). *A Handbook on the Community College in America*: its history, mission, and management. Westport/London: Greenwood Press, 1994.

BAUM, S.; LITTLE, K.; PAYEA, K. *Trends in Community College Education*: enrollment, prices, student aid, and debt levels. The College Board, Trends in Higher Education series, 2011.

BREWSTER, D. The use of part-time faculty in the community college. *Inquiry*, v.5, n.1, p.66-76, Spring 2000.

BRENEMAN, D. W., NELSON, S. C. *Financing Community Colleges*. Washington, DC: Brookings Institution, 1981.

BRINT, S. (Ed.). *The Future of the City of Intellect*: the changing American university. Stanford-Ca: Stanford University Press, 2002.

Modelos internacionais de educação superior

_____. Can public research universities compete? In: GEIGER, R. L. et al. (Ed.). *Future of the American Public Research University*. Rotterdam/Taipei: Sense Publishers, 2007. Disponível em <http://www.higher-ed2000.ucr.edu/Publications/Brint%20(2007).pdf>. Acesso em: 17 ago. 2017.

BRINT, S.; KARABEL, J. *The diverted dream*: community colleges and the promise of educational opportunity in America, 1900-1985. New York: Oxford University Press, 1989.

BROSSMAN, S.; ROBERTS, M. *The California Community Colleges*. Palo Alto, CA: Field Education Publications, 1973.

BUESCHEL, A. C. *The missing link*: the role of Community colleges in the transitions between High School and College – A report for The Bridge Project: Strengthening K-16 Transition Policies. Stanford University, February 2003.

CARNEVALLE, A.; STEPHEN, J. R. Socioeconomic status, race/ethnicity, and selective *college* admissions. In: KAHLENBERG, R. D. (Ed.). *America's Untapped Resource – Low-Income Students in Higher Education*. New York: The Century Foundation Press, 2004. p.104-5.

CLARK, B. The 'cooling out' function revisited. In: VAUGHAN, G. (Ed.). *Questioning the Community College Role*. (New Directions in *Community colleges* n.32). San Francisco: Jossey-Bass, 1980. p.15-32.

_____. *Places of Inquiry*: research and advanced education in modern universities. Berkeley; L. Angeles: University of California Press, 1995.

CLARK, B. R. the "cooling out" function in higher education. *The American Journal of Sociology*, v.65, n.6, p.569-76, May 1960a. Republicado em Townsend, 2006.

_____. *The Open-Door College*: a case study. New York: McGraw-Hill, 1960b.

COHEN, A. M. *The shaping of American Higher Education*: emergence and growth of the contemporary system. San Francisco: Jossey Bass, 1998.

COHEN, A. M.; BRAWER, F. B. *The American Community College*. 3.ed. San Francisco: Jossey-Bass, 1996.

COLE, J. R. *The Great American University*: its rise to reeminence, its indispensable national role, why it must be protected. New York: Public Affairs, 2009.

COLLEGE BOARD. *Trends in Community College Education*: enrollment, prices, student aid, and debt levels, by Sandy Baum, Kathie Little, and Kathleen Payea, 2011. Disponível em: <https://trends.collegeboard.org/sites/default/files/trends-2011-community-colleges-ed-enrollment-debt-brief.pdf >. Acesso em: 17 ago. 2017.

_____. *Trends in Student Aid 2012a*. Disponível em: <http://trends.*college*board.org/student-aid>. Acesso em: 1 jun. 2013.

_____. *Trends in College Pricing, 2012b*. Disponível em: <http://trends.*college*board.org/*college*-pricing>. Acesso: 1 jun. 2013.

CONANT, J. B. *The American High School Today*: a first report to interested citizens. New York; Toronto: McGraw-Hill Book Co., 1959a.

Reginaldo C. Moraes • Maitá de Paula e Silva • Luiza Carnicero de Castro

_____. *The Comprehensive High School:* a second report to interested citizens. New York; Toronto: McGraw-Hill Book Co., 1959b.

CONLEY, D. T. *College Knowledge:* what it really takes for students to succeed and what we can do to get them ready. San Francisco CA: Jossey-Bass, 2005.

CROSS, K. P. J. K. Community colleges on the Plateau. *Journal of Higher Education,* v.52, n.2, p.113-23, 1981.

CROSS, K. P.; FIDELER, E. F. Community college missions: priorities in the Mid-1980s. *The Journal of Higher Education,* v.60, n.2, p.209-216, Mar.-Apr. 1989. Published by: Ohio State University Press.

CROSS, K. P. Determining Missions and Priorities for the Fifth Generation. In W. L. Deegan & D. Tillery (Eds.). Renewing the American community college: priorities and strategies for effective leadership (p.34-50). San Francisco: Jossey-Bass.

DAVIS, J. W.; BAUMAN, K. United States census bureau: school enrollment in the United States: 2008. *Current Population Reports,* June 2011.

DONOVAN, R. Creating effective programs for developmental education. In: DEEGAN, W.; TILLERY, D. (Ed.). *Renewing the American Community College.* San Francisco: Jossey-Bass, 1985.

DOUGHERTY, K. J.; BAKIA, M. F. *The New Economic Development Role of the Community College.* Community College Research Center, Teachers College. New York: Columbia University, Nov. 1999.

DOUGLAS, J. A. *The California Idea and American Higher Education, 1850 to the 1966 Master Plan.* Stanford, CA: Stanford University Press, 2000.

DOWD, A. C.; CHESLOCK, J. J.; MELGUIZO, T., Transfer Access from *Community colleges* and the Distribution of Elite Higher Education, v.79, n.4, p.442-72, 2012.

DUPERRE, M. Global Development of the Two-year College Concept. *Higher Education,* v.3, p.315-30, 1974.

EHRENBERB, R. G. Rethinking the professoriate. In: WILDAWSKY, B.; KELLY, A. P.; CAREY, K. *Reinventing Higher Education:* the promise of innovation. Cambridge-Ma: Harvard Education Press, 2012.

ELSNER, P. A.; BOGGS, G. R.; IRWIN, J. T. (Ed.). *Global Development of Community Colleges, Technical Colleges, and Further Education Programs.* Washington-DC: American Association of *Community Colleges,* 2008.

GEIGER, R. L. *To Advance Knowledge:* the growth of American research universities, 1900-1940. New York: Oxford University Press, 1986.

_____. *Research and relevant knowledge:* American research universities since World War II. New York: Oxford University Press, 1993.

_____. *Knowledge and Money:* research universities and the paradox of the marketplace. Stanford, CA: Stanford University Press, 2004.

_____. *Research & Relevant Knowledge:* American research universities since World War II. New Jersey: Transactions Publishers, 2008.

_____. Postmortem for the current era: change in American higher education, 1980-2010. Center for the Study of Higher Education. The Pennsylvania State University. *Working Paper*, n.3, July 2010.

GEIGER, R. L.; HELLER, D. E. Financial trends in higher education: the United States. Center for the Study of Higher Education. The Pennsylvania State University. *Working Paper*, n.6, Jan. 2011.

GOLDEN, D. *The Price of Admission*: how America's ruling class buys its way into elite colleges-and who gets left outside the gates. New York: Three Rivers Press, 2007.

GOLDIN, C.; KATZ, L. F. *The Race Between Education and Technology*. S. l.: Harvard University Press, 2011.

GRAHAM, D. G.; DIAMOND, N. The Rise of American research universities: elites and challengers in the postwar era. Baltimore; London: The Johns Hopkins University Press, 1997.

HACKER, A.; DREIFUS, C. *Higher Education*? How [regular in colleges] are wasting our money and failing our kids – and what we can do about it. New York: Times Books, 2010.

HELLER, D. E. The impact of student loans on [regular in colleges] access. In: BAUM, S.; MCPHERSON, M.; STEELE, P. (Ed.). *The Effectiveness of Student Aid Policies*: what the research tells us. New York: The College Board, 2008. p. 39-67

KARABEL, J. *The Chosen:* the hidden history of admission and exclusion at Harvard. New York: Yale, and Princeton, Mariner Books, 2005.

KARIN, F.; PARRY, M. How Obama's $12-billion could change two-year colleges. *The Chronicle of Higher Education*, v.55, n.42, July 24, 2009.

KAISER, D. (Ed.). *Becoming MIT: moments of decision*. Cambridge-MA: MIT Press, 2010.

KASPER, H. T. The changing role of community college. *Occupational Outlook Quarterly*, Winter 2002-2003.

KENT, F. The 4 lessons that community colleges can learn from for-profit institutions. *The Chronicle of Higher Education*, v.53, n.10, p.B17-B18, Oct. 27, 2006.

KERR, C. Higher Education: paradise lost? *Higher Education*, v.7, n.3, p.261-78, Aug. 1978.

LABAREE, D. F. *How to Succeed in School without Really Learning*: the credentials race in American education. New Haven, CT: Yale University Press, 1997.

LAVIN, D. E. Policy change and access to 2- and four-year colleges. *The American Behavioral Scientist*, v.43, n.7, p.1139, Apr. 2000.

LEVINE, D. O. *The American College and the Culture of Aspiration, 1915-1940*. Ithaca, N.Y: Cornell University Press, 1986.

LEVINSON, D. L. *Community colleges:* a reference handbook. Santa Barbara CA: ABC-CLIO, 2005.

MULLIN, C. M. *Transfer*: An indispensable part of the community college mission (Policy Brief 2012-03PBL). Washington, DC: American Association of Community Colleges, Oct. 2012.

MULLIN, C. M.; PHILLIPPE, K. *Community college contributions* (Policy Brief 2013-01PB). Washington, DC: American Association of Community Colleges, Jan. 2013. p.14.

NATIONAL CENTER FOR EDUCATION STATISTICS (NCES). 2006. *Digest of Education Statistics*. Washington, D.C.: U.S. Department of Education, 2006.

_____. *Digest of Education Statistics*. Washington, D.C.: U.S. Department of Education, 1992.

_____. *Digest of Education Statistics*, 2010. Disponível em: <nces.ed.gov/pubs2011/2011015.pdf>. Acesso em: 24 set. 2012.

NATIONAL CENTER FOR EDUCATIONAL STATISTICS; AACC. Disponível em: <http://www.aacc.nche.edu/AboutCC/history/Pages/pasttopresent.aspx>.

NEA HIGHER EDUCATION RESEARCH CENTER. *Part-time Faculty:* a look at data and issues, in update, v.11, n.3, Sept; 2007. Disponível em: <http://www.nea.org/assets/docs/HE/vol11no3.pdf>. Acesso em: 11 jan. 2013.

NELSON, R. R.; MERTON, J. P.; KALACHEK, E. D. *Tecnologia e desenvolvimento econômico*. Rio de Janeiro: Forense, 1969.

NORTON, G. W. The bandwagon once more: vocational preparation for high technology occupations. *Harvard Educational Review*, v.54, p.429-51, 1984.

_____. Vocationalizing Higher Education: the causes of enrollment and completion in Public Two-year colleges, 1970-1980. *Economics of Education Review*, v.7, p.301-19, 1988.

_____. The effects of differentiation on educational attainment: the case of community colleges. *Review of Higher Education*, v.12, p.349-74, Summer 1989.

_____. The decline of community college transfer rates: evidence from national longitudinal surveys. *Journal of Higher Education*, v.62, n.2, p.194-217, 1991.

_____. Postsecondary vocational education and the sub-baccalaureate labor market: New evidence on economic returns. *Economics of Education Review*, v.11, p. 225-48, 1992a.

_____. Finding an equilibrium: enhancing transfer rates while strengthening the comprehensive Community college. *National Center for Academic Achievement and Transfer Working Papers*, Washington, v.3, n.6, 1992b.

_____. The long-run effects of proprietary schools on wages and earnings: implications for Federal Policy. *Educational Evaluation and Policy Analysis*, v.15, p.17-33, Spring 1993.

_____. The economic effects of sub-baccalaureate education: corrections and extensions. Unpublished paper, University of California, Berkeley, 1994.

_____. The roles of tertiary Colleges and Institutes: trade-offs in Restructuring postsecondary education, June 2003. Disponível em: <http://www.oecd.org/education/educationeconomyandsociety/35757628.pdf>. Acesso em: 23 dez. 2012.

NORTON, G. W.; BADWAY, N.; BELL, D. Community colleges and the equity agenda: the potential of noncredit education. *Annals of the American Academy of Political and Social Science, Community colleges*: New Environments, New Directions v.586, p.218-40, Mar. 2003.

NORTON, G. W.; LAZERSON, M. *The Education Gospel the Economic Power of Schooling.* Cambridge, MA: Harvard University Press, 2004.

PALMER, J. C. Part-time faculty at community colleges: a National Profile, in *NEA 1999 Almanach of Higher Education.* Disponível em: <http://www.nea.org/assets/img/PubAlmanac/ALM_99_04.pdf>. Acesso em: 11 jan. 2013.

POLICY INFORMATION CENTER. Educational Testing Service: the american community college turns 100. Princeton, 2000.

POWELL, W. W.; OWEN-SMITH, J. The New World of Knowledge Production in the life sciences, in Brint (Ed.), 2002.

PUSSER, B.; LEVIN, J. *Re-imagining community colleges in the 21st Century*: a student-centered approach to higher education. Center for American Progress, Dec. 2009.

RUCH, R. S.; KELLER, G. *Higher Ed, Inc.*: the rise of the for-profit university. Baltimore: the Johns Hopkins University Press, 2003.

SHAW, K. M. Remedial education as ideological battleground: emerging remedial education policies in the community college. *Educational Evaluation and Policy Analysis,* v.19, n.3, p.284-96, Autumn 1997.

SHULTS, C. Remedial education: Practices and Policies in *Community colleges,* AACC--RB-00-2. AACC/Remedial Education.

SIMPSON, C. (Ed.). *Universities and Empire*: money and politics in the social sciences during the cold war. New York: New Press, 1998.

SNYDER, T. *The Community College Career Track*: how to achieve the American dream without a mountain of debt. Hoboken-New Jersey: John Wiley & Sons, Inc., 2012. p.53.

_____. (Ed.). *120 Years of American Education*: a statistical portrait, National Center for Education Statistics. Washington-DC: U.S. Department of Education, Jan. 1993.

SNYDER, T. D.; DILLOW, S. A. Digest of Education Statistics 2010 (NCES 2011-015). *National Center for Education Statistics.* Washington, DC: Institute of Education Sciences, US Department of Education, 2011.

SPERLING, J. *Rebel With a Cause* – the entrepreneur who created the University of Phoenix and the for-profit revolution in higher education. New York: John Wiley & Sons Inc., 2000.

TRAUB, J. *City on a Hill:* testing the American Dream at City *College.* Reading-Ma: Addison-Wesley Publishing Company, 1994.

_____. What no school can do. *New York Times,* January, 16, 2000. Disponível em: <http://www.nytimes.com/2000/01/16/magazine/what-no-school-can-do.html?pagewanted=all&src=pm>. Acesso em: 7 jun. 2013.

TROW, M. *Twentieth-Century Higher Education:* elite to mass to universal. Baltimore: Johns Hopkins University Press, 2010.

US DEPARTMENT OF EDUCATION. National Center for Education Statistics. *Digest of Education Statistics.* Washington, D.C.: U.S. Department of Education, 1992.

Reginaldo C. Moraes • Maitá de Paula e Silva • Luiza Carnicero de Castro

_____. National Center for Education Statistics. (2009). *Digest of Education Statistics, 2008* (NCES 2009-020). 2009.

VEYSEY, L. R. *The Emergence of the American University*. Chicago: University of Chicago Press, 1965.

WASHBURN, J. *University, Inc.:* the corporate corruption of American higher education. New York: Basic Books, 2005.

WEISBROD, B. A.; BALLOU, J. P.; ASCH, E. D. *Mission and Money:* understanding the university. New York: Cambridge University Press, 2008.

ZWERLING, L. S. (Ed.). *The Community College and Its Critics:* new directions for *community colleges*, n.54. San Francisco: Jossey-Bass, June 1986.

_____. *Second best*: the crisis of the junior college. New York: McGraw-Hill, 1976.

2

O CASO FRANCÊS: UM SISTEMA PECULIAR

Reginaldo C. Moraes

O sistema – como é e como evoluiu

Durante o século XX, como regra geral, os sistemas europeus de ensino superior assumiram dois perfis: eram binários ou unitários. Os sistemas binários, de um lado, como os de Inglaterra, Alemanha e Portugal, por exemplo, acomodavam as universidades tradicionais, recantos do saber, erudição e pesquisa "desinteressada" e, de outro lado, separadas, escolas profissionais, o lugar de aprendizagem dos saberes aplicados, técnicos. Nos sistemas unitários, como os de Itália e Espanha, por exemplo, as escolas profissionais eram integradas ao corpo das universidades.

Nesse contexto, seria difícil enquadrar o sistema francês. A rigor, não é unitário nem binário. É, antes, um cipoal de escolas, cursos e diplomas diferenciados. Se voltássemos o calendário uns duzentos anos talvez encontrássemos um modelo próximo do binário. Qual?

As universidades francesas nasceram há vários séculos. Uma delas, a Sorbonne (hoje Paris I – Panthéon-Sorbonne), é quase milenar. Mas, já no século XVIII, resultado da afirmação do Estado francês "dirigista", começavam a ser concebidas algumas escolas especializadas, de altos saberes, mas aplicados: École d'Artillerie, École du Génie Militaire, École des Ponts et Chaussées, École des Mines. No século XIX, contudo, a nação já tinha aspirações imperiais e floresceram várias instituições que poderíamos hoje enquadrar no ramo da engenharia civil: a École Nationale d'Agronomie

(1826) e a École Centrale des Arts et Manufactures, (1829).[1] Seguiram o caminho: École des Télécommunications (1818), École des Travaux Publics (1851), École d'Électricité (1894), École du Pétrole et des Moteurs (1925). À engenharia seguiu-se o ramo da alta administração: École Supérieure de Commerce de Paris (1869), École Libre d'Études Politiques (1871), École des Hautes Études Commerciales (1881) (Cf. Millot, 1981, p.359).

De outro lado, as velhas universidades seguiam existindo, mas visivelmente desprezadas pelo "Estado napoleônico" (mesmo quando sem Napoleão). O imperador, de fato, criou a Universidade Imperial, mas ela estava longe de ser aquilo que entendemos por universidade, no Brasil, nos Estados Unidos ou na Alemanha. Era mais propriamente uma organização vertical, distribuída em "academias" regionais que regulavam o ensino médio e seus exames de certificação. Até muito recentemente, as universidades estiveram longe de constituir um corpo único e com autonomia – eram mais precisamente agregados de faculdades, mais diretamente vinculadas com o ministério do que com os seus órgãos de direção internos. O ministério não apenas as regula no plano legal. Contrata os docentes (eles são servidores federais) e distribui os recursos, bastante "itemizados", carimbados, isto é, com uso prescrito.[2]

Como diz Dobbins (2012, p.5):

> As universidades são, essencialmente, instituições operadas pelo Estado e caracterizadas por limitada autonomia e fortes controles. O Estado desempenha o papel de 'designer de sistema' e define a arquitetura institucional de modo geral, na medida em que coordena o ingresso de estudantes, currículos, nomeação do pessoal, a garantia de qualidade e as relações universidade-empresa.

Assim, desde o século XIX, sob a batuta do Estado, parecia desenhar-se um sistema binário, com personagens ainda hoje existentes – universidades, razoavelmente "abertas", mas também razoavelmente "pobres", e "grandes escolas", muitíssimo seletivas e afagadas pelo Estado. Mas o quadro se complicou bastante ao longo do século XX. O que se desenhou foi além desse quadro bifocal.

Passadas várias reformas, incrementos e inovações, o sistema tem hoje (2015) pelo menos meia dúzia de segmentos bem diferentes:

1. *Universidades e "assimilados"*. O segmento – com cerca de 100 instituições – inclui os IUT (agregados às universidades) e as Universidades

---

1 Esta última, aliás, parece ter inspirado a fundação do MIT (Massachusetts) e da Rensselaer School (New York). Ver Angulo (2012).

2 Mudanças nessa forma de governança ocorreram nos últimos trinta anos, mediante procedimentos como a "contratualização". Voltaremos a esse tema mais adiante.

de Tecnologia, que possuem formato e modo de gestão peculiar (Belfort-Montbéliard, Compiègne e Troyes). As UFM (formação de professores) estão hoje incorporadas às universidades.

2. *Grands établissements*. Exemplos: Institut d'Études Politiques de Paris, Inalco, Observatoire de Paris, Institut de Physique du Globe, École Pratique des Hautes Études, École des Hautes Études en Sciences Sociales, École des Chartes, École Nationale Supérieure des Sciences de l'Information et des Bibliothèques. Somou-se a esse grupo um conjunto de universidades que mantém, principalmente, escolas avançadas de engenharia e tecnologia: a Université Paris IX ou Paris-Dauphine (desde 2004), INP de Grenoble (desde 2007), INP de Bordeaux (desde 2009) e a Université de Lorraine (desde 2011). Existem Grandes Escolas que não estão sob a jurisdição do Ministério da Educação. A Escola Nacional de Administração, por exemplo, submete-se ao primeiro-ministro. Situações similares vivem a École Polytechnique (administrada pelo Ministério da Defesa), a École Nationale Supérieure des Mines de Paris, École Nationale des Ponts et Chaussées, École Nationale de la Statistique et de l'Administration Économique (sob controle do Institut National de la Statistique et des Études Économiques – INSEE), entre outras.

3. *Classes preparatórias para as grandes escolas (CPGE)*. Cursos muito seletivos, de dois anos. Funcionam em alguns liceus (total de 500 em toda a França). Ao final desse período, os estudantes são submetidos a uma avaliação que determina em que tipo de Grande Escola irão completar seu curso.

4. *Sections Techniques Supérieurs*. Um conjunto de mais de 2 mil escolas de STS, alojadas em liceus. É o segmento mais capilarizado no território francês.

5. *Escolas públicas de formação de engenheiros*. Este segmento acolhe um conjunto de quase 20 escolas de Engenharia que, até 2008, estavam integradas em universidades.

6. *Escolas superiores profissionais e não universitárias*. Um grande conjunto de escolas superiores não incorporadas em universidades e que preparam para profissões variadas: contabilistas, enfermeiros e paramédicos, assistentes sociais, tabeliães e similares, veterinários, agrônomos, técnicos em comércio, jornalismo e audiovisual, turismo, logística e transporte, informática etc.

A diversidade das escolas superiores fica ainda mais marcada por algumas estrelas, no conjunto dos "grandes estabelecimentos". Por exemplo:

- Grandes escolas de Ciência e Tecnologia (por exemplo: École Centrale des Arts et Manufactures, École Centrale de Lyon, École Nationale

Supérieure des Arts et Industries Textiles, École Nationale Supérieure d'Arts et Métiers etc.);

- Écoles Normales Supérieures (formação de professores de ensino superior): Paris, Fontenay/Saint-Cloud, Lyons e Cachan;
- Escolas de estudo avançado, como a École Pratique des Hautes Études (EPHE), especializada em três áreas: Ciências da Vida e da Terra, História e Filologia, Ciências da Religião; ou a École des Hautes Études en Sciences Sociales, um desdobramento da EPHE que se tornou autônoma;
- Grandes escolas de engenharia como a École des Mines e a École Nationale des Ponts et Chaussées;
- A influente École Nationale d'Administration (ENA), fornecedora de quadros para a alta burocracia estatal e operando sobre a responsabilidade do primeiro-ministro.
- Escolas de Agricultura e Veterinária, que operam sob outras jurisdições, como a do Ministério da Agricultura.
- Instituições de ensino superior voltadas para as Artes e a Arquitetura, como a École Nationale Supérieure des Arts Décoratifs, a École Nationale Supérieure des Beaux-Arts, a École du Louvre etc. Operam sob a responsabilidade do Ministério da Cultura.

No plano do ensino superior de curta duração, ou ensino superior não universitário, há duas grandes formações, com o seguinte perfil:

- Sections de Techniciens Supérieurs (STS), escolas que funcionam nos liceus. Oferecem cursos de dois anos, vocacionais, cobrindo cerca de 100 especialidades. Emitem um certificado chamado BTS (Brevet de Technicien Supérieur).
- Instituts Universitaires de Technologie (IUT). Em geral, são integrados às universidades, mas com um modo de funcionamento muito próprio. São seletivos e não de acesso aberto, muito exigentes quanto à presença e processos de avaliação. Oferecem cursos de três anos e emitem o (Diplôme Universitaire de Technologie (DUT). Seus cursos são mais abrangentes do que os das STS. Estão organizados em torno de uns 20 programas de ensino ou ocupações técnicas.

No interior das universidades há uma "escada" de cursos com o seguinte desenho geral:

- Primeiro ciclo, de dois anos, gerando o Diplôme d' études Universitaires Générales (DEUG).
- Segundo ciclo, um terceiro ano, conduzindo à *licence* e um quarto ano que dá direito ao diploma de *maîtrise* (que, em geral, exige um trabalho final de curso).

Modelos internacionais de educação superior

- Terceiro ciclo, que começa com um curso de um ano, dando direito ao Diplôme d'Études Approfondies (DEA) ou ao Diplôme d'Études Supérieures Spécialisées (DESS). Os estudantes do DEA são orientados, então, a enfrentar um período de três anos para preparação de uma tese. Os estudantes do DESS, em geral, voltam-se para o mercado de trabalho não acadêmico.

Recentemente, a reforma decorrente do chamado Acordo de Bologna modificou o quadro, dando outro significado a essas etapas de formação. Criou a sequência conhecida como LMD ou 3-5-8. Fez que a licença (DEUG+1) corresponda, hoje, a essa primeira fase da formação superior (L = *bac*+3). As outras seriam o máster e o doutorado. Lembremos que há um regime especial para as chamadas Grandes Écoles. Nessa *filière* o primeiro ciclo consiste em "classes preparatórias" (CPGE) de dois anos. O exame final seleciona estudantes para escolas elevadas de Engenharia e Administração (mais três anos de curso). As CPGE são oferecidas em liceus selecionados distribuídos pela França (cerca de 500).

Como se pode perceber, nesse sistema, os liceus ocupam um lugar estratégico. Neles se dá a preparação para o *bac* (*baccalauréat*). E o tipo de *bac* (uma escala de valores) determina a que tipo de ensino superior o estudante pode aspirar. Mas não apenas isso. É nos liceus que funciona o filtro preparatório (e altamente seletivo) das Grandes Escolas, o viveiro da elite pública e privada. E é ainda nos liceus que se forma uma grande massa de tecnólogos de nível pós-secundário (nas STS). São mais de 2 mil os liceus que abrigam STS. Uma rede muito grande e muito capilarizada no território francês. É bom lembrar que, além desses dois subsistemas, restam dois ramos exigentes e seletivos (não abertos) nas universidades: os IUT e as escolas de Medicina.

Para compreender por que e para que essas diferentes instituições foram criadas, é necessário entender a que tipo de desafio respondiam. E como deram conta dessa missão. Compreender, também, a que tipo de público se destinam (ou têm se destinado) e que papel cumprem na estruturação da sociedade francesa, de suas oportunidades e de suas desigualdades.

Um sistema pequeno e fechado, pressionado pelo crescimento econômico e pela demografia...

No imediato pós-guerra, o sistema de ensino superior ainda era muito pequeno. Ainda na primeira metade nos anos 1960, antes da "revolução estudantil" de 1968, a taxa de cobertura era baixa: apenas uns 5% dos jovens da faixa etária dos 18 aos 26 frequentava uma escola superior. Quando vemos os resultados das reformas dos anos 1960 e 1970, chegamos, 25 anos depois (1988), a uma taxa de 15%.

Mas por que essa expansão e a que respondia?

Essa pergunta nos obriga a explorar uma das dimensões daquilo que se chama de "estudos de educação comparada". Trata-se de pensar as relações entre a escola e a sociedade em que se inscreve. Qual o papel que a escola e suas credenciais (diplomas) exercem na vida das pessoas, em termos de expectativas (e realizações) quanto à renda, estilo de vida, prestígio, poder? Qual o efeito disso sobre a demanda dos diferentes estratos e classes sociais sobre o sistema educativo? Que papel a escola e suas credenciais exercem na organização do sistema produtivo e da gestão pública e como isso influi sobre as demandas educativas desse sistema? Perguntas como essas nos levam a tentar responder a outras, mais específicas: quanta educação superior é preciso prover para que o sistema produtivo e a gestão social operem com eficiência aceitável? Quanta educação é preciso prover para responder a demandas dos públicos? Ou seja, quantos devemos incluir e, portanto, quantos podemos excluir?

São muitas perguntas, de difícil resposta. Não temos a pretensão de esgotar esse terreno, mas é pela sua exploração que tentamos compreender a experiência francesa, vista em perspectiva histórica.

Mencionamos, antes, a evolução da taxa de cobertura, logo nos primeiros 25 anos das primeiras reformas do sistema (1963-1988). Ela continua crescendo nas décadas seguintes. E mudando de forma (diversificação das instituições, cursos etc.). Essa trajetória do nível superior deve ser comparada, em paralelo, com o crescimento do número de aprovados no *baccalauréat* (comumente chamado de *bac*), o exame de conclusão do ensino médio, ele também bastante pequeno no pós-guerra.

Ora, a proporção de aprovados no *bac* era de 5% em 1950, passou a 20% em 1970, a 29,4% em 1985, 43,5% em 1990 e 62,7% em 1995, permanecendo em seguida nesse patamar (cf. Duru-Bellat et al., 2008). Assim, a fonte de candidatos ao ensino superior deu saltos sucessivos. Uma qualificação se deve anotar junto com esses quantitativos: a introdução de tipos diferentes de *baccalauréat*, isto é, de certificados de conclusão do ensino médio e qualificação para acesso ao superior. De fato, são exames e certificados diferentes, com impacto na estruturação do ensino médio, tendendo a criar diferentes *tracks*, isto é, faixas ou turmas especializadas (*bac* literário, *bac* científico, *bac* tecnológico, *bac* profissional etc.).

Em 1968, o governo francês introduziu o *baccalauréat* tecnológico, voltado a estimular estudantes para os estudos que levam a um DUT ou BTS. Em 1985, cria-se o *baccalauréat* profissional. Essa diferenciação teria importantes consequências, quer sobre a expansão dos estudantes-candidatos, quer sobre o destino que a eles se reserva. Sobretudo porque, como lembram os autores supra,

Estes últimos *baccalauréats*, especialmente os vocacionais, eram, na prática, projetados visando os alunos menos preparados do ponto de vista acadêmico: dada a forma como funciona o sistema de escolha da carreira, na França, todos os alunos que são capazes de fazê-lo optam por permanecer o maior tempo possível na faixa geral, não vocacional. Como os alunos originados da classe trabalhadora têm mais dificuldades acadêmicas, eles estão sobrerepresentados nas faixas do bac tecnológico e bac profissional: 14% dos alunos cursando a chamada faixa geral são filhos de operários, em comparação com 26% na faixa de tecnologia e de 36% na faixa de profissional. As crianças com pais desempregados ou inativos representam 5%, 8% e 12% respectivamente dos alunos nestas várias faixas. (Duru-Bellat et al., 2008, p.122)

Considerando essa combinação de inclusão e filtragem, Merle (1996, 200, 2002a/b) utiliza a expressão *"segregative democratization"* para definir tais políticas. A "lógica" da expansão – uma lógica que não tem nada de interna, mas responde a disputas sociais e políticas abertas ou tácitas – parece, assim, uma guerra de trincheiras, como dizem esses mesmos analistas:

A educação superior parece seguir um padrão tradicional: quando uma barreira é quebrada em um nível, a defesa desloca-se para um nível mais alto, até que esta barreira também cede passagem. A abertura da sexta série escolar a todos foi seguida por uma maior seletividade no colégio; a remoção da escolha de faixa no final da sétima série escolar foi seguida por uma orientação mais seletiva no final da nona série e, depois, da décima. A "onda" já atingiu os portões da Universidade. Mas ali, supõe-se que os jovens devem mirar para uma conclusão de curso para iniciar uma carreira. O processo não pode continuar para sempre, simplesmente deslocando a desigualdade ainda mais acima no sistema, porque em algum momento tem que haver uma conexão com o emprego real, que não será necessariamente alterado para adaptar-se ao fluxo de entrada dos diplomados. (Duru-Bellat et al., 2008, p.151)

Em suma: em algum momento, a disputa pelas rodas de seleção acadêmica teria de engrenar com a roda externa sobredeterminante, o "mercado de trabalho", a estrutura de classes e, claro, o chamado "conflito distributivo".

Assim, podemos adiantar uma primeira impressão sobre as duas faces dessa "democratização". Por um lado, é verdade que as reformas trouxeram para as portas do ensino superior um público que costumava ficar fora dele, induzindo-o a continuar os estudos. Por outro, é verdade que elas o fizeram a um custo: o da hierarquização e segregação. A expansão-reforma incluiu, mas segregou. Segregou, mas incluiu.

Além disso, é preciso ver a consequência da chegada desse novo público – o estudante do *bac* tecnológico e, principalmente, do profissional. Certificado pelo ensino médio, ele chega às portas do ensino superior. Passou por um funil seletivo. Mas encontra outros, como o da evasão, a eliminação "dentro" do sistema, particularmente alto no caso das universidades.

Gráfico 2.1 – Evolução das diferentes modalidades – as *filières* do ensino superior, excluindo as universidades

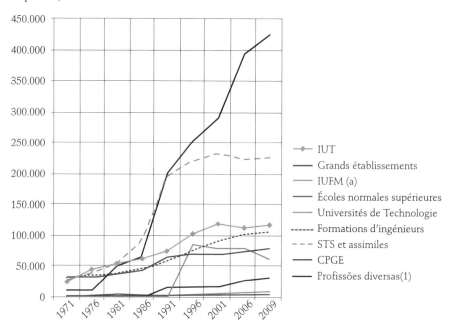

Gráfico 2.2 – Proporção dos diferentes tipos de *bac*, em 1990, 1996, 2014

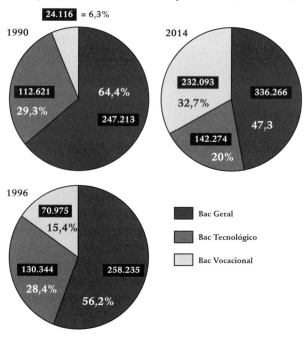

Pat Davies (1996, p.113), em um estudo comparativo (Alemanha, França, Inglaterra e País de Gales), lembra que:

> Na França, por exemplo, sempre houve seleção para as Grandes Écoles e, em 1968, os novos IUT estabeleceram-se como instituições seletivas. Embora as universidades, em princípio, permaneçam abertas, o debate recente centrou-se sobre a necessidade de modificar o direito absoluto de entrada, já que, na prática, ele é prejudicado pela elevada taxa de abandono.

Discutindo essas nuances da seletividade dos sistemas nacionais de ensino superior, Geiger (1977, p.15) lembra que:

> Para descrever esta função é necessário sondar o sistema mais profundamente. Em particular, há quatro pontos em que podem ser avaliadas as diferenças sociais: a conclusão da escola secundária, a matrícula no ensino superior, a escolha do tipo de ensino superior e a taxa de sucesso em programas certificados.

Para descrever essa função é necessário sondar o sistema mais profundamente. Em particular, há quatro pontos em que podem ser avaliadas as diferenças sociais: a conclusão da escola secundária, a matrícula no ensino superior, a escolha do tipo de ensino superior e a taxa de sucesso em programas certificados.

Ensino superior e universidades – financiamento e gestão

O sistema francês de ensino – da creche à pós-graduação – é, basicamente, público e muito centralizado. A começar, claro, pelo financiamento. Quase 85% do gasto nacional em educação superior são públicos. E do governo central. As coletividades territoriais ampliaram significativamente seus investimentos no setor, depois de 1990. Hoje, cobrem cerca de 10,7 do financiamento das STS e CPGE. De resto as famílias participam com cerca de 9% dos recursos, cobrindo gastos com as taxas de matrícula (muito baixas, no setor público), alimentação e alojamento (Fridenson, 2010, p.60).

Como já adiantamos, o Ministério da Educação regula e administra praticamente todo o sistema, a partir de Paris. Algumas iniciativas foram tomadas, nas últimas décadas, na direção de alguma "autonomia" para as universidades, por exemplo. Foi o que ocorreu com a "contratualização". Segundo Michael Dobbins (2012, p.12), essa alteração se destaca porque prescreve que uma parte do orçamento (não muito, 5% a 10%) seria dependente de contratos quadrienais baseados em avaliação de desempenho e metas. Dobbins lembra a ambiguidade da medida, que, aparentemente, estimula as universidades a um comportamento competitivo, de mercado, voltado à conquista de fundos adicionais junto a empresas, comunidades locais etc. (ibidem).

As inovações ocorrem também em outros níveis. Por exemplo, merece ser acompanhada a evolução de instituições de novo tipo criadas depois de 1970, como as universidades tecnológicas, como a de Compiegne (1973), explicitamente inspirada no modelo MIT.[3] Outro ponto fora da curva é a Universidade do Haut-Rhin, que criou duas "grandes escolas" dentro da universidade, a Escola Superior de Química e a Escola Superior de Indústria Têxtil, com a aparente intenção de competir com as tradicionais Grandes Écoles no seu próprio terreno (Fomerand, 1977).

Uma inovação que já foi mencionada, na dicotomia universidade-grande escolar, é o segmento do ensino superior curto – as STS e os IUT. As STS, em especial, foram responsáveis por uma grande capilarização da oferta, uma vez que se expandiam com base na estrutura dos liceus. STS e IUT se caracterizam, também, pela forma bastante "escolar" e bem mais disciplinada como se relacionam com seus estudantes.

O IUT, por exemplo, apesar de geralmente instalado dentro de uma universidade, tem uma certa autonomia de gestão e um modo diferente de organizar cursos, disciplinas e controles. Controla presença dos estudantes em aulas. O número de aulas é bem maior do que nas universidades, a grade é mais dirigida, prescritiva e bem pouco baseada em eletivas (Jallade, 1992). A inovação, de certo modo, visava conter evasão e alongamento dos cursos (tempo de graduação), através de um "endurecimento" do sistema escolar. Além de seletivo, o IUT é um ambiente universitário exigente, muito regulado, com aulas de presença obrigatória, grupos de trabalho dirigido e estágios. A presença nas aulas e atividades é obrigatória e rigorosamente controlada.

> A missão dos IUT, tal como está definida no Decreto fundador de janeiro de 1966, é treinar diplomados de nível médio qualificados (*cadres moyens*) para assumir "funções técnicas na produção, pesquisa aplicada e serviços". A instrução é altamente intensiva e, mesmo, bastante escolar. O curso de dois anos consiste de pelo menos 32 horas de horas de contato por aluno. [...] Os IUT são organizados em departamentos temáticos cujos currículos são determinados em nível nacional, exceto para 20% do tempo de aula que é reservado para adaptações às necessidades locais. Há dezessete tipos de departamentos, nove no setor secundário ou industrial e oito no setor terciário. Os campos mais populares no setor secundário, que atraem dois terços das matrículas do setor, são eletrônica, mecânica (engenharia

---

3 O exemplo é ainda mais interessante quando se lembra de algo bem pouco conhecido ou difundido: o MIT foi inspirado, precisamente, no modelo de escolas francesas como a Escola Central de Artes e Manufaturas de Paris.

mecânica) construção civil (engenharia civil). Os três maiores departamentos do setor terciário contêm 84 por cento dos estudantes do setor: administração pública e empresas privadas, técnicas de negócios e processamento de dados (informática). (Van de Graaf, 1976, p.195)

Assim, visivelmente, os IUT foram consolidando uma posição no conjunto da oferta de ensino superior, uma forma de ensino superior curto e mais focalizado como alternativa às STS (e mais prestigiosa).

O governo francês liderado por François Hollande anuncia a intenção de avançar em algumas dessas mudanças, simplificando o velho cipoal acadêmico francês e atenuando algumas dicotomias (como universidade *versus* grandes escolas). O programa é resumido por Michel Destot em uma publicação da Fundação do Partido Socialista. Entre eles, está, por exemplo, a ênfase no ensino profissional e de curta duração. Também consta a preocupação com os fatores que induzem à evasão e, nessa linha, anunciam-se medidas para ampliar a ajuda estudantil. Do lado da gestão, aparentemente, pretende-se avançar na afirmação da autonomia das universidades através do processo de contratação de planos (quinquenais) associados a investimentos e custos. Afirma-se, ainda, a intenção de dar à coleção de instituições um caráter mais sistemático, integrado, aproximando universidades, centros de pesquisa. É bom lembrar que, nos últimos 40 anos, foram feitas várias tentativas, com diferentes graus de sucesso, para aproximar o Centre National de la Recherche Scientifique (CNRS) das universidades. Hoje, uma parte significativa dos laboratórios do CNRS funciona em universidades e conta com a colaboração de seus professores-pesquisadores. Ainda no que diz respeito a esse aspecto, menciona-se a intenção de estimular o desenvolvimento de estabelecimentos de inovação de dimensão média (Destot, 2012).

Os franceses e o ensino superior "para os filhos dos outros"

No hexágono gaulês, nas últimas décadas, houve um crescimento que podemos chamar de tradicional ou linear – com a criação de novas universidades ou de *campus* auxiliares de universidades já existentes (*antennes universitaires*). Esse é um dos lados da expansão.

Uma nuance desse crescimento (incorporado pelas universidades) é a rede dos Instituts Universitaires de Technologie (IUT), instituição criada em 1966. Os IUT, como dissemos, diferenciam-se por serem seletivos e por terem um regime muito próprio de funcionamento (da gestão dos recursos ao controle dos estudantes, da grade curricular etc.). Desde 1957, as universidades conferiam um tipo de certificado especial, o DEST, o diploma de estudos técnicos. Os IUT conferem um outro certificado, o Diplôme Universitaire de Technologie (DUT).

Mas o segmento que mais massificou o sistema e, principalmente, mais o capilarizou, espalhando sua rede pelo território francês, foi o segmento das Sections de Technicien Supérieur (STS), originado em 1959 e com crescimento significativo depois de 1970.

As STS estão muito vinculadas ao ensino médio desde sua origem. Aliás, como dissemos, instalam-se nos liceus, principalmente naqueles mais bem-equipados em termos de laboratórios, bibliotecas, preparação de professores. As STS em geral recebem os estudantes com certificado de ensino médio menos "nobre", o chamado *"bac* profissional". É o segmento de ensino superior em que predominam os estudantes que terminam o ensino médio mais tarde, têm desempenho menos brilhante etc. Uma analista desse sistema chama a STS de "ensino superior para os filhos dos outros" (Orange, 2013).

O seu crescimento é significativo, como mostram os quadros a seguir, traduzidos do estudo de Orange (2013, p.24).

Quadro 2.1 – Comparação da oferta de STS nos liceus públicos da França, entre os anos escolares 1980-1981 e 1994-1995

	1980-1981	1994-1995
Número de especialidades de certificados BTS	87	106
Número de classes de primeiro ano de STS	724	2.823
Número de estabelecimentos que têm STS	184	953
Número de cidades providas de STS	218	622

Fonte: Carte des établissements, Ministère De l'Éducation nationale. Base Reflet, CEREQ.

Quadro 2.2 – Peso dos diferentes segmentos do ensino superior (%) – França

	1970-1971	2008-2009
Universidade	74,9	54,8
IUT	2,8	5,3
STS	3,2	10,5
CPGE	3,8	3,6
Outras formações	15,3	25,8
Total	100	100

Fonte: Repères et références statistiques, MEN, Éditions 1996 e 2009.

Gráfico 2.3 – Comparação da evolução dos diferentes segmentos

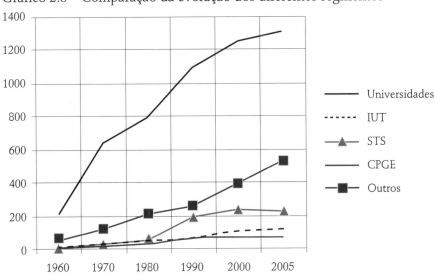

Fonte: França, Ministério da Educação (2014).

Outro modo de ver esse fenômeno (com dados da mesma fonte) é observar o resultado acumulado por essa evolução (Gráfico 2.4).

Gráfico 2.4 – Distribuição atual dos diferentes segmentos

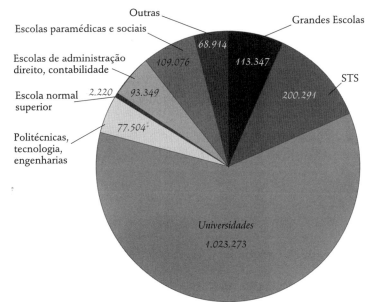

Fonte: França, Ministério da Educação (2014).

A nosso ver, e utilizando a expressão de Orange (2013), talvez pudéssemos acrescentar ao "ensino superior dos outros" os segmentos acima nomeados como "escolas paramédicas e sociais" e as "escolas de administração, direito e contabilidade". Em geral, são escolas isoladas, não vinculadas a universidades ou institutos e provedoras de ensino vocacional, voltado para profissões "médias" como enfermeiros, assistentes sociais, contabilistas, gerentes etc.

Expansão, diversificação e descentralização: o papel dos liceus como "plataforma de lançamento" do ensino superior de curta duração e também do mais elitizado

No sistema de ensino superior francês, uma parte das instituições opera no modo "portas abertas": formalmente, qualquer estudante que tenha concluído o ensino médio e obtido o seu certificado (o *bac*) tem direito à inscrição em uma universidade. Não necessariamente naquela que escolhe e naquele curso que escolhe – carreiras como Medicina, por exemplo, têm limites de vagas (*numerus clausus*). Outra parte do sistema opera com rigorosa seletividade: Grandes Escolas, Institutos Universitários de Tecnologia (IUT) e as Sections de Technicien Supérieur (STS). Grandes Escolas e STS são os extremos dessa parte seletiva. Curiosamente, essas duas *filières* de ensino superior – uma seletiva "de elite" e outra seletiva "popular" – funcionam dentro dos liceus, isto é, são uma espécie de andar superior do ensino médio francês.

O que são as "classes preparatórias"

As Grandes Escolas absorvem os estudantes mais bem-sucedidos no *bac*, formam o que se considera ser a elite (privada e pública) do país.

Os estudantes que se credenciam, pelos resultados no *bac*, a cursar uma Grande Escola fazem dois anos de "classes preparatórias" exigentes, que operam como um segundo filtro. Essas classes são instaladas em poucas dezenas de liceus de ponta.

Se na Alemanha existe uma dualidade (e até uma disputa) entre universidades e Escolas Técnicas Superiores, cabendo às universidades o lugar do prestígio, na França o galardão da superioridade (no quesito formação de elites intelectuais) está nas Grandes Escolas. De fato, no que diz respeito tanto ao ensino quanto à pesquisa, as universidades, como regra geral, ocupam papel secundário. O sistema de pesquisa – organizado em torno dos chamados "grandes estabelecimentos", como o CNRS – tem estrutura e carreira próprias, ainda quando operem em cooperação com unidades e laboratórios de universidades seletas.

A existência dessas organizações de elite remonta ao início da Idade Moderna, com a fundação, em 1530, do Collège Royal, atual Collège de France, situado na famosa rue des Ecoles. Antes da grande Revolução, isto é, sob o chamado Antigo Regime, foram criadas as primeiras Grandes Écoles de Engenharia: a Écoles des Ponts et Chaussées, a École des Mines. Durante o período revolucionário elas avançaram. As universidades foram fechadas em 1793, mas a École Polytechnique foi fundada no mesmo ano. A École Normale Supérieure surgiu em 1794, inicialmente chamada a formar professores do secundário. Sob Napoleão prosseguiu a essa política de criação de instituições geradoras de elites para a administração pública e para o desenvolvimento da indústria. Em 1848 surge uma École d'Administration, logo fechada mas germe da future ENA, criada depois da Segunda Guerra Mundial. Em 1868 é fundada a École Pratique des Hautes Études, que em 1946 seria rebatizada como École des Hautes Études en Sciences Sociales (EHESS). A rede (incluindo instituições privadas e parapúblicas, sobretudo escolas de comércio) foi-se ampliando ao longo do tempo.

As Classes Préparatoires aux Grandes Écoles (CPGE) constituem o patamar inicial dos mecanismos de seleção e hierarquização do ensino superior francês. Alojadas nos liceus, absorvem os docentes mais qualificados do ensino médio (*aggregés*) e mantêm uma forma de ensino bastante "escolar", semelhante ao liceu. As CPGE duram dois anos e, de certo modo, são o filtro de ingresso em uma grande escola. Esses dois anos correspondem a um primeiro ciclo universitário – alternativa presente àqueles que não conseguem entrar na grande escola.

STS – o segmento seletivo "popular"

As STS são escolas de ensino superior curto, voltadas à formação de tecnólogos e profissões "médias". Curiosamente, assim como o setor seletivo "de elite", o das Classes Preparatórias para as Grandes Escolas, as STS, são também assentadas nos liceus, isto é, no forte e prestigioso ensino médio que orgulha o país. Essa rede tem um tratamento ambíguo na literatura e, também, nas bases de dados do próprio governo francês. Volta e meia, deixam de ser incluídas entre os "estabelecimentos de ensino superior". E, no entanto, são as instituições responsáveis pela capilarização da oferta, pela distribuição no território. O digesto estatístico do MEN, em 2015, registrava um total de 2.182 STS, sendo 1.335 públicas e 847 privadas. Dentre essas escolas privadas, parte significativa é "contratada" pelo setor público, recebendo subsídio e, em contrapartida, sofrendo regulação estatal.

Os estudantes que visam as STS são, em sua maioria, portadores do chamado *bac* Tecnológico ou Profissional. Fazem todo seu curso em unidades especiais instaladas nos liceus, contribuindo para oferecer oportunidades de acesso "perto de casa". As STS foram e seguem sendo o instrumento

Reginaldo C. Moraes • Maitá de Paula e Silva • Luiza Carnicero de Castro

essencial de capilarização e descentralização do ensino superior francês, o que pode ser visto no mapa da Figura 2.1.

Figura 2.1 – Estudantes matriculados em STS no ano letivo de 2012-2013

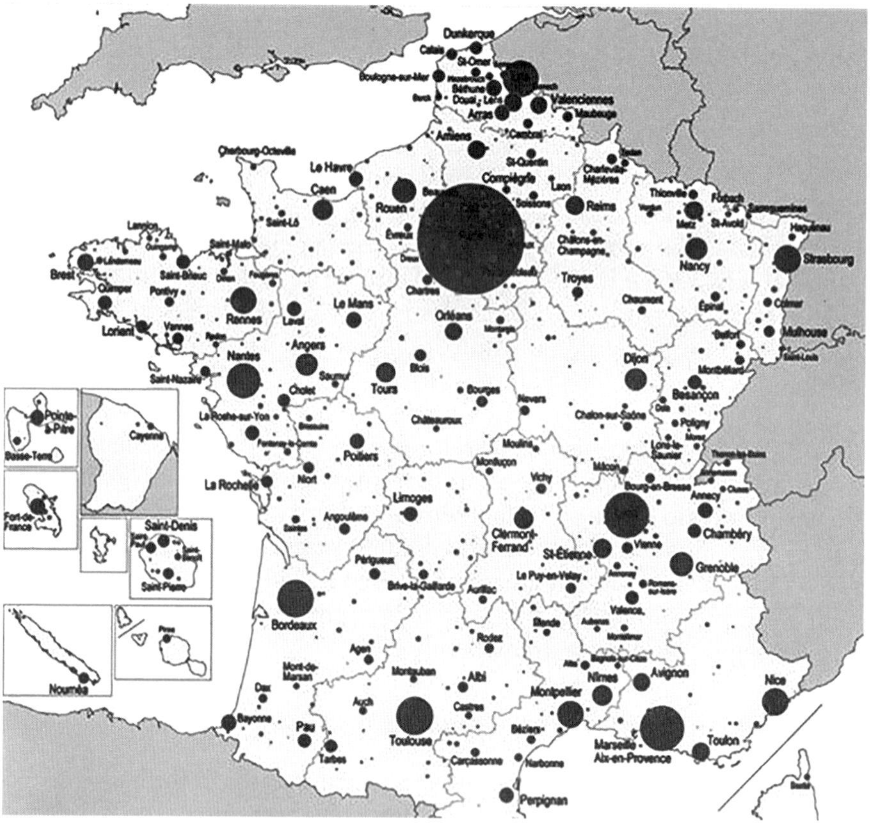

Fonte: adaptado de França, Ministério da Educação, 2014.

Sylvie Lemaire (2004) traça o perfil e a trajetória dos estudantes secundários que obtêm o chamado *bac* tecnológico. Dentre os secundaristas que obtêm o chamado *bac* tecnológico, 80% continuam seus estudos em algum tipo de curso superior. Vamos chamá-los de BTec. Quais? A maioria vai para o chamado ensino de curta duração – 50% deles para as STS, 10% para o semento mais "nobre" desse ramo, os IUT, e 20% desses BTec obtêm um certificado de primeiro ciclo universitário. A metade dos que se matriculam em universidades desiste no primeiro ano. Em resumo, perto de um quarto dos detentores de *bac* Tecnológicos que se inscrevem em cursos superiores pode ser considerado "evasão", sem diploma algum.

STS e IUT podem ser consideradas escolas de alta taxa de sucesso. O levantamento de Lemaire mostra que, em três anos, 80% dos Btec inscritos

Quadro 2.3 – Peso dos diferentes segmentos do ensino superior em 2001-2002

| | Universida-de (exceto IUT e escolas engenheiros) | França Metropolitana + DOM | | | | Grandes Escolas | Outras formações | Total |
| | | Principais segmentos de curta duração | | | | | | |
		STS	IUT	Escolas pa-ramédicas e sociais	Subtotal			
Número	1.251.225	246.870	118.060	97.706	462.636	223.132	222.563	2159.556
%	58%	11%	5%	5%	22%	10%	10%	100%
Nouveaux bacheliers	193.034	100.490	44.120	6.032	150.642	46.213	12.019	401.908
%	48%	25%	11%	2%	38%	11%	3%	100%

Fonte: Theulière, 2004.

Reginaldo C. Moraes • Maitá de Paula e Silva • Luiza Carnicero de Castro

Quadro 2.4 – Taxas de matrículas dos *bacheliers* (concluintes de ensino médio) no ensino superior (em %)

	1980	1985	1990	1992	1993	1994	1995	1996	1997	1998	1999	2000	2001
Bacheliers généraux (1)	94,6	99,4	100,2	106,5	106,8	107,0	107,9	107,7	106,2	105	104,8	103,5	104,9
Université	64,6	64,1	66,6	66,3	68,9	70,1	71,6	68,5	67,2	65,9	64,1	62,4	62,1
IUT	8	8,9	8,3	8,9	9,1	9,1	8,4	9,7	9,8	10,3	10,9	11,2	11,5
STS	9,6	12,6	12,1	10,8	9,7	9,1	8	8,8	9,2	9,2	9,5	9,3	9,1
CPGE	12,4	13,8	13,3	12,1	11,6	11,5	12,8	13,2	13	12,5	12,7	12,6	13,1
Autres établissements (2)	nd	nd	nd	8,3	7,6	7,2	7,1	7,6	7	7,1	7,7	8	9,1
Bacheliers technologiques	55,2	69,4	77,3	82,2	85,4	82,3	83,2	83,1	82,3	79,8	79	76,7	77
Université	19,2	28,1	23,3	21,4	23,1	22,6	23,4	21,3	22	21,6	21,1	19,1	18,2
IUT	12,9	9,5	7,6	7,7	8,6	9,3	10,1	10,5	10,2	9,7	9,3	9,1	9,3
STS	22,1	30,8	45,5	47,1	47,6	46,2	45,7	47,1	46,7	45,5	45,3	44,9	45,1
CPGE	1	1	1	1	1	0,9	0,9	1	0,9	1	1	1	1
Autres établissements (2)	nd	nd	nd	5	5,1	3,3	3,1	3,2	2,5	2	2,2	2,5	3,3

(1) O total pode superar os 100% porque há algumas duplas contagens.
(2) Estimativa. nd = não disponível.
Fonte: Theulière, 2004.

Modelos internacionais de educação superior

em um IUT conseguiram pelo menos o diploma "curto" (*bac*+2). De outro lado, três quartos dos BTec admitidos em STS conseguiram seu diploma (o BTS) em três anos. Resultados semelhantes são obtidos em pesquisa de Jean Vareille (2010). Para um quadro dos números, são úteis aqueles oferecidos no artigo de Maël Theulière, na revista *Education and Formations* (2004).[4] Reproduzimos nos quadros 2.3, 2.4 e 2.5 os mais relevantes para nosso estudo.

a) Segmento "Grandes Écoles": classes preparatórias integradas, CPGE, escolas de engenheiros (inclusive escolas dependentes das universidades), escolas de veterinária, escolas de comércio com diplomas certificados e escolas normais superiores.
b) Escolas de arte, arquitetura, escolas privadas, escolas de comércio com diplomas não certificados, outros estabelecimentos ou formações de especialidades diversas. Os IUFM (institutos de formação de professores) são incluídos nesta rubrica.

Como ler o Quadro 2.3: no começo do ano letivo 2001, 58% dos estudantes estão matriculados na universidade; se levarmos em conta os concluintes do ensino médio (*bacheliers* desse ano), 48% dos que seguem para o ensino superior o fazem via universidade.

Quadro 2.5 – Evolução do número de *"bacheliers"* entre 1995 e 2001

	Número		Evolução de 1995 a 2001	
	1995	2001	Absoluta	Relativa (%)
Série L	71.460	56.673	-14.787	-20,7
Série ES	76.555	75.459	-1.096	-1,4
Série S	139.031	126.653	-12.378	-8,9
Séries générales	287.046	258.785	-28.261	-9,8
Série STI	35.249	35.737	488	1,4
Série STT	78.896	78.369	-527	-0,7
Autres séries technologiques	24.122	33.838	9.716	40,3
Séries technologiques	138.267	147.944	9.677	7
Séries générales et technologiques	425.313	406.729	-18.584	-4,4

Fonte: Theulière, 2004.

---

4 Em especial os quadros 2, 3, 6, 8.

Quadro 2.6 – Repartição dos *"bacheliers"* em segmentos científicos

	Efetivos		Evolução 1995/2001	
	1995	2001	Absoluta	%
CPGE sciences	24.245	21.337	-2.908	-12
IUT secondaire	18.856	19.555	699	3,7
Saúde	21.538	16.873	-4.665	-21,7
Université sciences	59.171	40.229	-18.942	-32
STS secondaire	33.150	37.954	4.804	14,5
IUT tertiaire informatique	2.189	3.355	1.166	53,3
Escolas de engenharia fora de universidades	3.365	5.117	1.752	52,1
Total "scientifique"	162.514	144.420	-18.094	-11,1

NB: secondarie = carreiras na área de comércio e serviços.
Fonte: Theulière, 2004.

Referências

AGHION, P.; COHEN, E. *Education et croissance*. Paris: La Documentation Française, 2006.

ANGULO, A. J. The polytechnic comes to America: how French approaches to science instruction influenced mid-nineteenth century American higher education. *History of Science*, v.50, n.168, p.315-38, 2012.

BIENAYMÉ, A. The new reform in French higher education. *European Journal of Education*, v.19, n.2, 1984.

BIGOT, B. Passerelle des sciences: la contractualisation tripartite. *La Revue pour l'Histoire du CNRS*, n.15, nov. 2006.

CLARK, B. R. (Ed.) *The Research Foundations of Graduate Education*: Germany, Britain, France, United States, Japan. Berkeley; Los Angeles; London: University of California Press, 1993.

DAVIES, P. Noise Rather than Numbers: Access to Higher Education in Three European countries. *Comparative Education*, v.32, n.1, Mar. 1996.

DESTOT, M. *Quel avenir pour l'enseignement supérieur et la recherche*? Essai publié par la Fondation Jean-Jaurès, 18 avril 2012.

DOBBINS, M. How market-oriented is French higher education? *French Politics*, v.10, n.2, p.134-59, 2012.

DURU-BELLAT, M.; KIEFFER, M. A.; DEPLEDGE, R. From the *Baccalauréat* to Higher Education in France: Shifting Inequalities. *Population*, v.63, n.1, Jan.-Mar. 2008.

EICHER, J.-C. The recent evolution of higher education in France: growth and dilemmas. *European Journal of Education*, v.32, n.2, June. 1997.

FERNÉ, G. Contracting for sciences in universities and industry. *European Journal of Education*, v.20, n.1, 1985.

FOMERAND, J. The French University: what happened after the Revolution? *Higher Education*, v.6, n.1, p.93-116, Feb. 1977.

FRANÇA. Ministério da Educação. MENESR – DGESIP / DGRI – SIES, Atlas régional. édition 2014. Disponível em: <http://publication.enseignementsup-recherche.gouv.fr/atlas/>.

FREMONT, A. Les universités françaises en mutation: la politique publique de contractualisation (1984–2002). *Synthèse – Commissariat général du Plan*, Paris, n.1, La Documentation française, 2004.

FREMONT, A.; HERIN, R.; JOLY, J. (Dir.) *Atlas de la France Universitaire*. Paris: Reclus-La Documentation Française, 1992.

FRIDENSON, P. La politique universitaire depuis 1968. *Le Mouvement Social*, n.233, p.60, oct.-déc. 2010.

FRIEDBERG, E.; MUSSELIN, C. *L'Etat face aux universités*. Paris: Anthropos, 1993.

GARNIER, M.; CHAELOUTI, M. Inequality of educational opportunity in France and the United States. *Social Science Research*, v.5, p.225-46, 1976.

GEIGER, R. L. The second-cycle reform and the predicatement of the French university. *Paedagogica Europaea*, v.12, n.1, 1977.

GUIN, J. The re-awakening of higher education in France. *European Journal of Education*, v.25, n.2, 1990. Disponível em: <https://www.google.com.br/url?sa=t&rct=j&q=&esrc=s&source=web&cd=96&cad=rja&uact=8&ved=0ahUKEwiM25T2-rbOAhURI5AKHeuZC404WhAWCEAwBQ&url=http%3A%2F%2Febook-torrent.com%2Flibro%2F23073%2FAusteridad-Mark-Blyth&usg=AFQjCNEuZrLXZXhER25qicefmsNrvxRwSw&sig2=JBm_4XmQ_-wVMug5YsLaIQ&bvm=bv.129422649,d.Y2I>.

JALLADE, J.-P. *Enseignement superieur en Europe*. Paris: La Documentation Française, 1991.

_____. Undergraduate higher education in Europe: towards a comparative perspective. *European Journal of Education*, v.27, n.1/2, p.121-44, 1992.

_____. *Les premieres années d'enseignement superieur dans la perspective de 1993*. Paris: European Institute of Education and Social Policy, 1993.

LAMARD, P.; LEQUIN, Y. C. *La technologie entre à l'université*. Compiègne, Sevenans, Beifort, Beifort: Presses de l'Université de Technologie de Belfort- Montbéliard, 2005.

LAMOURE, J.; RONTOPOULOU, J. L. The vocationalisation of higher education in France: continuity and change. *European Journal of Education*, v.27, n.1/2, 1992.

LEMAIRE, S. Les *bacheliers* technologiques dans l'enseignement supérieur. *Education & Formations*, n.67, mars 2004.

LEVY-GARBOUA, L.; ORIVEL, F. Inefficiency in the French System of higher education author(s). *European Journal of Education*, v.17, n.2, 1982.

MEN-SIGES. L'enseignement supérieur en France, études statistiques et évolution de 1959 à 1997. *Études et Documents*, n.2, 1980.

MERLE, P. Les transformations socio-démographiques des filières de l'enseignement supérieur de 1985 à 1995. Essai d'interprétation. *Population*, v.51, n.6, p.1181-210, 1996.

_____. Le concept de démocratisation de l'institution scolaire: une typologie et sa mise à l'épreuve. *Population*, v.55, n.1, p.15-50, 2000.

_____. *La Démocratisation de l'enseignement*. Paris: La Découverte, 2002a.

_____. Democratization or increase in educational inequality? Changes in the length of studies in France, 1988-1998. *Population* -English Edition, v.57, n.4-5, 2002b.

MILLOT, B. Social differentiation and higher education: the French case. *Comparative Education Review*, v.25, n.3, Oct. 1981.

MUSSELIN, C. *La Longue Marche des universités françaises*. Paris: PUF, 2001.

_____. *Les Universitaires*. Paris: La Découverte, 2008.

ORANGE, S. *L'autre enseignement supérieur:* Les BTS et la gestion des aspirations scolaires. Paris: PUF, 2013.

PROST, A.; CYTERMANN, J.-R. Une histoire en chiffres de l'enseignement supérieur en France. *Le Mouvement Social*, n.233, Mutations de la science et des universitiés en France depuis 1945, oct.-déc. 2010.

RICHTER, I. Selection and reform in higher education in Western Europe. *Comparative Education*, v.24, n.1, 1988.

RONTOPOULOU, J. L.; LAMOURE, J. French University Education: a brief overview, 1984-1987. *European Journal of Education*, v.23, n.1/2, 1988.

SHINN, T. How French universities became what they are. *Minerva*, v.23, n.1, Spring 1985.

SZYMANKIEWICZ, C. (Dir.) *Le système éducatif en France*. Paris: La Documentation Française, 2013.

TEICHLER, U. The changing nature of higher éducation in Western Europe. *Higher Education Policy*, v.9, n.2, p.89-111, 1996.

THEULIERE, M. L'évolution des effectifs de l'enseignement supérieur (1990-2001). *Education & Formations*, n.67, mars 2004, Ministère de la Jeunesse, de l'Éducation nationale et de la Recherche, Paris, em especial os quadros 2, 3, 6, 8.

VAN DE GRAAF, J. H. The politics of innovation in French higher education: the University Institutes of Technology. *Higher Education*, v.5, n.2, May, 1976.

VAREILLE, J. Quel avenir dans l'enseignement sup_erieur fran_cais pour les formations technologiques? *Colloque National de la Recherche en IUT*, Angers, Jun 2010.

VASCONCELLOS, M. *L'enseignement supérieur en France*. Paris: La Découverte, 2006.

VERGER, J. (Ed.). *Histoire des universités en France*. Toulouse: Editions Privât, 1986.

WEISZ, G. *The Emergence of Modern Universities in France, 1863-1914*. Princeton, NJ: Princeton University Press, 1983.

3

A EDUCAÇÃO SUPERIOR NA ALEMANHA: UMA TENTATIVA DE DESCRIÇÃO E INTERPRETAÇÃO

Maitá de Paula e Silva

A pré-história: construção das universidades antes da construção do país

A formação do sistema de ensino superior alemão tem uma história ao mesmo tempo longa e recente. Recente, se comparamos com as universidades medievais de outros países da Europa, como Oxford, Sorbonne, Bolonha ou Salamanca. Longa, se levarmos em conta que ele precede a própria constituição da Alemanha como Estado-nação unificado.

No final do século XVIII, a maioria das universidades existentes na Alemanha estava em crise – fundamentalmente financeira, mas repercutindo em todos seus outros aspectos. Nesse momento, alguns eventos políticos sacudiram essa rede: a Revolução Francesa, a dominação francesa na Renânia, as Guerras Napoleônicas.

O século XIX começa sob o signo de uma reforma. A fundação da Universidade de Berlim, em 1810, marca o auge do período de reforma e o surgimento da universidade de pesquisa na Alemanha. Como ministro da Cultura da Prússia e filósofo, acredita-se que Willem von Humboldt tenha tido papel-chave na fundação da Universidade de Berlim. Algumas características definem a ideia de "universidade humboldtiana": unidade de ensino e pesquisa; função da universidade como uma instituição de pesquisa; liberdade de ensino e pesquisa que permite à universidade promover a ciência pura (livre de interesses estabelecidos). Mas o termo "universidade humboldtiana" se refere à visão moderna (isto é, do início do século XX) de que a universidade de pesquisa alemã surgiu com uma nova ideia humanista de universidade desenvolvida no início do século XIX por intelectuais idealistas como Wilhelm von Humboldt, Johann Fichte e Friedrich Schleiermacher.

O avanço do processo de industrialização no país, a partir de 1870, gerou uma forte demanda pelos resultados da pesquisa realizada na universidade e por especialistas bem treinados. A unificação política e administrativa (1871) também gerou demandas do governo com o intuito de aparelhar o novo Estado-nação.

No final do século XIX, a universidade alemã se impunha como um modelo a seguir, em vários países, pela fusão entre ensino e pesquisa e pelos métodos de ensino vinculados a essa prática, como o laboratório e o seminário. Nessa época (e até o começo do século XX) um grande número de intelectuais norte-americanos via a Alemanha como uma espécie de Meca intelectual. Os líderes acadêmicos inspiravam-se aberta e declaradamente em seu exemplo para imaginar as instituições que deveriam criar no novo continente – a *true university*. Na passagem do século XIX para o século XX, as primeiras universidades norte-americanas de pesquisa – Johns Hopkins, Chicago, Clark – foram inspiradas declaradamente no modelo alemão.

Contudo, algumas tempestades devastaram as instituições na primeira metade do século XX: o "esforço de guerra" de 1914-1918 e a sobrepolitização do nacional-socialismo. Essa crise, aliás, foi responsável por uma selecionada, mas muito importante "exportação" de professores e cientistas para os Estados Unidos, no entreguerras. Uma escola de Nova York – a New School for Social Research – chegou a ter quase uma universidade germânica no exilio.[1]

A reconstrução da universidade na Alemanha Ocidental do pós-Segunda Guerra Mundial se estendeu até o início dos anos 1960 e começou com a transferência da sua administração para os estados federados, as Länder (províncias da federação), enquanto na Alemanha Oriental o caminho seguido foi o oposto, com centralização sob o Estado em estilo soviético. De 1960 a 1975, 24 novas universidades foram criadas na Alemanha Ocidental, expandindo a rede de ensino superior para acomodar o crescente número de matrículas, alimentado pela democratização do acesso à escola secundária e ao ensino superior levado a cabo basicamente mediante auxílio financeiro estudantil.

Entre o final da década de 1960 e o início da de 1970, as revoltas estudantis que ocorreram na Alemanha – como também nos Estados Unidos e na França, entre outros países – continuaram a pressionar as reformas levando, em 1969, à reforma da Constituição para permitir o envolvimento das autoridades federais no financiamento da expansão do ensino superior – até então a cargo das Länder – e assegurar um sistema educacional unificado. Isso permitiu a aprovação de leis importantes estabelecendo o ensino

---

1 Ver, a respeito: Fleming, Donald e Bailyn (1969); Rujtkoff e Scott (1986, cap.5).

Modelos internacionais de educação superior

vocacional, assistência para a construção de universidades, subvenções educacionais, e finalmente a Lei Básica da Universidade, em 1976. Também é digno de nota nesse período o esforço para diversificar o sistema de ensino superior com a criação das *Fachhochschulen*, escolas superiores com um enfoque mais técnico e aplicado.

A reunificação das duas Alemanhas, em 1989, abriu mais um período de reformas e adaptação com a reestruturação das Länder. Mas também abriu mais um período de crise, tornando a universidade alvo de questionamentos por parte da sociedade. Entre os principais problemas, questionava-se a "liberdade de aprender", que estenderia excessivamente a conclusão de cursos de graduação e pós-graduação; a rigidez burocrática para o acesso à posição de professor, que dificultava a formação de novos quadros de professores e pesquisadores; e a estagnação dos recursos dedicados ao financiamento da pesquisa nas universidades ante a expansão das matrículas, que vinha minando a produção científica universitária.

Segundo Baker e Lenhardt (2008), a Alemanha gasta atualmente apenas 1% de seu PIB em todas as despesas públicas e privadas com ensino superior, comparados a 2,7% do PIB gastos com ensino superior nos Estados Unidos e, enquanto o número de estudantes universitários quase que dobrou de 1980 a 2001, o orçamento para o ensino superior cresceu apenas 56%.

A questão da ampliação do acesso parece ser, atualmente, uma das mais prementes na Alemanha, já que o país tem uma das mais baixas taxas de matrícula no ensino superior entre os países da OCDE: 29% comparados a uma média de 32% (Baker; Lenhardt, 2008, p.54-5). A essa dificuldade de massificar o ensino superior soma-se a necessidade mais recente de "uniformizá-lo" dentro da União Europeia, com vistas à empregabilidade dentro do mercado comum. O processo de Bolonha, que teve início em 1999, tem levado ao desenvolvimento de reformas na Alemanha que buscam uma divisão mais nítida entre os cursos de graduação e pós-graduação, bem como ao estabelecimento de escolas de graduação como centros de excelência – frouxamente inspiradas em escolas semelhantes nos Estados Unidos.

O texto a seguir procura explicar a evolução do sistema depois da guerra de 1939-1945.

Quadro geral

Ao final da Segunda Guerra Mundial muitas escolas e universidades alemãs tinham sido destruídas. Faltavam professores, salas de aula e livros. Muitos professores foram removidos de suas posições por causa de seu envolvimento com o nazismo, muitos (judeus) tinham sido mortos ou se exilado durante a ascensão do nazismo.

Após a guerra, a Alemanha foi dividida em quatro Zonas de Ocupação administradas separadamente por Estados Unidos, França, Grã-Bretanha e (então) União Soviética, dificultando a execução de um programa educacional conjunto em todo o território alemão. Em 1947, o poder sobre as questões educacionais foi devolvido às autoridades alemãs que, pouco impressionadas pelo modelo norte-americano de escola secundária ou pelos enfoques francês ou britânico sobre a educação, retornaram ao sistema pré-1933 (Phillips, 2013, p.248).

A "democratização da educação", tida como uma das bases do desenvolvimento de uma ordem democrática, levou, a partir de 1950, à maior expansão do ensino secundário e superior na história da Alemanha, e ao desenvolvimento de um sistema diferenciado de ensino vocacional. A porcentagem daqueles qualificados para o ingresso na universidade cresceu de próximo de 4% em 1950 para 25,9% em 1994 (34,9% se as faculdades também forem incluídas). No mesmo período o número de alunos cresceu de 100 mil para 1,7 milhão, e o número de alunas cresceu de cerca de 20% para mais de 45% do corpo discente. Como era de esperar, esse tipo de expansão, não prevista e não planejada, levou a uma crise do sistema universitário e, em algum grau, do mercado de trabalho, incapaz de absorver tantos graduados (Führ, 1997, p.2).

Como se sabe, a divisão do território transformou a Alemanha numa esfera de antagonismo entre os grandes poderes da Guerra Fria – Estados Unidos e União Soviética – levando, em 1949, ao estabelecimento de dois Estados alemães: a República Federal da Alemanha e a República Democrática da Alemanha, divididos pela "cortina de ferro" e pelo Muro de Berlim, a partir de 1961.

Assim, na Alemanha Oriental, a reconstrução do sistema de ensino também tomou o rumo da democratização da educação, mas, projetada para servir o desenvolvimento do socialismo, a construção de universidades e faculdades foi levada adiante nos anos 1950-1960 de forma a criar uma nova classe de líderes socialistas. Ao contrário do que ocorria na Alemanha Ocidental, o número de alunos na Alemanha Oriental foi gradualmente reduzido a partir da década de 1970 (ibidem). Outra diferença fundamental entre os sistemas de ensino nas duas Alemanhas era que, enquanto o ocidental era descentralizado, federalista e pluralista, o oriental era totalmente centralizado nas mãos da Administração Central para a Educação Nacional: as possibilidades de estudo e treinamento vocacional para além do período compulsório eram programadas pelo Estado.

Com a chamada reunificação de outubro de 1990, prevaleceu o sistema ocidental, com a incorporação de todas as instituições de ensino orientais no sistema descentralizado ocidental. É do desenvolvimento desse que vamos tratar mais detidamente, fazendo explicações pontuais sobre divergências nos sistemas quando necessário.

Modelos internacionais de educação superior

É relevante destacar ainda que, já na segunda metade do século XX, se difundiu a visão de que o ensino superior não é mais domínio exclusivo das universidades. Ao invés disso, as instituições de "ensino superior" podem variar dentro de um espectro que vai de uma ligação muito próxima entre ensino e pesquisa num extremo, até uma função puramente de ensino no outro. Além disso, o ingresso de outros tipos de instituições na "arena" do ensino terciário e da própria pesquisa – academias, empresas, indústrias, institutos independentes de pesquisa públicos ou privados – contribui para borrar os limites do ensino superior.

Reformas e planejamento educacional no pós-guerra

O sistema de ensino se desenvolveu, a partir de meados da década de 1950, como um componente integral da ordem social e econômica de um estado de bem-estar na Alemanha Ocidental. Os debates sobre a reforma educacional começaram em 1959 e se fortaleceram a partir de comparações internacionais. O Conselho Científico, estabelecido em 1957, se tornou cada vez mais importante nas recomendações e avaliações sobre a expansão e o desenvolvimento das universidades, e o relatório sobre a conferência de Washington da OCDE, publicado pela Conferência dos Secretários Estaduais de Educação em 1962, reforçou a necessidade de um planejamento nacional, abrangente e de longo prazo para a educação (Führ, 1997, p.15). Até o final da década de 1960 e início da década de 1970, o esforço de reforma já tinha atingido todos os níveis do sistema de ensino, levando ao surgimento de novos tipos de escola (como as escolas técnicas secundárias) e um novo tipo de faculdade (as *Fachhochschulen*), bem como à criação de cursos por correspondência. Universidades pequenas se transformaram em instituições de massa com dezenas de milhares de alunos, e 24 novas universidades foram criadas na Alemanha Ocidental entre 1960 e 1980.

Expansão e crise

Parte das reformas levou ao maior envolvimento da federação no ensino superior. Até 1969, as Länder eram responsáveis pela educação na Alemanha Ocidental. Em maio daquele ano, uma grande coalizão alterou a constituição do país com o objetivo de envolver as autoridades federais no financiamento da expansão das universidades e assegurar um sistema de ensino unificado. Essas mudanças também criaram as condições para intensificar o envolvimento federal no planejamento educacional levando, ao final de 1969, à criação do Ministério Federal de Educação e Ciência. As autoridades federais conseguiram aprovar várias leis relevantes: sobre

75

treinamento vocacional (1969), assistência para a construção de universidades (1969), subsídios para a educação (1971), e finalmente a revisão da Lei Estruturante do Ensino Superior (1976), que pôs fim a um período de dez anos de experimentação com novas estruturas universitárias.

Mas a década de 1970 também foi um período de crise econômica com profundas implicações para o sistema de ensino. A crise do petróleo despertou questões ambientais e uma preocupação com a dissociação entre sistema de ensino e mercado de trabalho. O desemprego estrutural afetava especialmente os jovens graduados e tornava premente uma reavaliação da política educacional.

Além disso, a pressão permanente do número de estudantes obtendo o *Abitur*[2] só aumentou durante a década – contrariando previsões no sentido contrário –, indo de 510 mil em 1970 para pouco mais de um milhão em 1980 e cerca de 1,5 milhão em 1990 (Führ, 1997, p.24). O número de professores, funcionários e a própria estrutura das universidades alemãs não acompanhou esse passo rápido e já em 1972 foi estabelecido o *numerus clausus*, restringindo o acesso a alguns cursos. Como uma medida regulatória emergencial para restringir a capacidade de algumas áreas de estudo, o número total de alunos não foi limitado, mas, antes, passou a ser selecionado de modo ineficiente (ver adiante *Parkstudien*). Outro problema era que o *numerus clausus* também estava em conflito com direitos básicos de igualdade de oportunidades garantidos pela Constituição.

A questão do *numerus clausus* teve impactos importantes na carreira estudantil na Alemanha porque sua criação demandou o estabelecimento de um controle centralizado de alguns programas de forma a permitir a coordenação do ingresso em âmbito nacional. A Corte Constitucional alemã tinha decidido, em 1972, que limitações sobre a admissão à universidade eram "virtualmente inconstitucionais". Assim, alunos só poderiam ser rejeitados se fosse provado que uma instituição tinha atingido sua capacidade e que não havia vagas em nenhuma outra instituição na Alemanha Ocidental. Logo foi estabelecida a Agência Central para Alocação de Vagas (Zentralstelle für die Vergabe von Studienplatzen – ZVS) e, em 1974, a centralização do controle sobre os programas de estudo foi ampliada com o desenvolvimento de um detalhado grau de capacidade nacional pelas Länder, permitindo a um sistema computadorizado central fazer a alocação de vagas.

Entre os "efeitos colaterais" não pretendidos do *numerus clausus* está o surgimento do *Parkstudien*. Muitos alunos que tinham de esperar por uma vaga num curso restrito escolhiam matricular-se em uma área relacionada para esperar (*park*) até serem aceitos no curso originalmente pretendido. O fenômeno se espalhou da Medicina para outros cursos com alta demanda – Arquitetura,

---

2 Exame de conclusão do ensino médio, que habilita o estudante para ingresso em qualquer escola superior.

Farmácia, Odontologia etc. – e levou a um grande aumento no número de *Parkstudenten*, que se matriculavam e sobrecarregavam a capacidade de cursos que não tinham a intenção de concluir, gerando um efeito dominó que elevava o número de cursos sujeitos ao *numerus clausus*. Outra questão era a grande importância que o *numerus clausus* dava às notas obtidas na escola secundária, dado que o processo de seleção da ZVS colocava 60% do peso do critério de admissão nesse fator, e 40% no tempo que um candidato esperava por uma vaga.

Em 1977, a tendência à centralização do controle nacional sobre as restrições ao acesso à universidade deu uma nova guinada com a tentativa de os governos federal e estaduais de reverter e reduzir os efeitos indesejados do *numerus clausus* sob o lema político de "abrir as universidades". Mas ao invés de melhorar o processo de seleção, eles simplesmente reduziram o número de programas sujeitos ao processo de seleção via ZVS e passaram a redistribuir os alunos pelo sistema, para uma instituição ou curso diferente do escolhido inicialmente pelo candidato.

Cabe relembrar aqui a rígida estrutura vertical do sistema escolar alemão que, embora tenha sido abrandada mediante reformas e provisões para permitir a transferência dos alunos entre os diferentes tipos de escola, ainda mantém a mesma estrutura básica. Depois de 4 a 6 anos de ensino primário, geralmente por volta dos 10 anos, os alunos (na verdade seus pais, orientados pelos professores) têm de escolher qual dos três tipos de escola frequentar:

- a *Hauptschule* que fornece de 5 a 6 anos mais de educação e cujos egressos geralmente vão para escolas vocacionais de tempo parcial – frequentemente combinada com algum tipo de curso de aprendiz – até a idade de 18 anos;
- a *Realschule*, o tipo intermediário de escola secundária que, depois de 10 anos de escolarização, permite a transferência para escolas vocacionais superiores; ou
- o *Gymnasium*, a linha acadêmica do ensino secundário, tipicamente preparatório para o ensino universitário.[3]

Assim, alunos que pretendem ingressar na universidade devem completar 13 anos de educação. Eles geralmente frequentam o *Gymnasium* e fazem o exame de conclusão, o *Abitur*, que os qualifica para todas as áreas de estudo.

---

3 Na década de 1960, 74% das jovens e 72% dos jovens de 13 anos frequentavam a *Hauptschule*; 15% dos garotos e 11% das garotas estavam nos *Gymnasien* e 7% e 8%, respectivamente, nas *Realschulen*. Já em 1984, esses números tinham se alterado consideravelmente, com a *Hauptschule*, recebendo 45% dos meninos e 37% das meninas de 13 anos, enquanto 26% e 28%, respectivamente, estavam nos *Gymnasien* e 23% e 29% nas *Realschulen* (Teichler 1990, p.21).

Rotas de admissão adicionais têm regulamentação variada dependendo do estado, mas há possibilidades para pessoas particularmente talentosas sem as credenciais escolares típicas,[4] bem como a possibilidade de admissão a uma *Fachhochschule* (ver adiante) para alunos provenientes de vários tipos de escolas vocacionais superiores.

Várias reformas foram realizadas ao longo dos anos, mas só uma pequena parte dos alunos das universidades seguiu um curso diferente desse. Entre as reformas, destacam-se: a) logo depois da Segunda Guerra Mundial o estabelecimento de diferentes tipos de *Gymnasien* (neoclássico, língua moderna e ciência); b) depois disso, o reconhecimento de escolas secundárias especiais como preparatórias para campos específicos de estudo na universidade; e, c) por volta de 1960, a redução do número de matérias solicitadas no *Abitur*.

A guinada da ciência aplicada: as *Fachhochschulen* e o crescimento do ensino vocacional

O ensino vocacional se tornou cada vez mais importante a partir da segunda metade do século XX como uma forma de acomodar a expansão necessária para a massificação do ensino superior, isto é, a transição do ensino superior como ensino de elite, atingindo cerca de 5% da população, para atingir mais de 15% do grupo etário relevante (Trow, 2010). Alguns países buscaram atingir esse público mediante a expansão do sistema universitário, o que levou necessariamente a uma redução da capacidade de financiamento por universidade e à deterioração da proporção alunos-funcionários, à redução dos recursos para a pesquisa e a uma deterioração dos recursos e instalações das universidades em geral. Mas outros países conseguiram essa expansão por meio da criação e expansão de instituições de ensino vocacional, cujo propósito específico torna-as mais baratas do que as universidades de pesquisa e permite manter a alta seletividade e o maior financiamento (e, portanto, a posição de elite) das universidades (Gavin, 2008).

---

4 Atualmente, as qualificações para o ensino superior são classificadas em três categorias: o *Allgemaine Hochschulreife* (qualificação geral) que se obtém com o *Abitur* no *Gymnasium* ou em algumas outras poucas escolas secundárias equivalentes; o *fachgebundene Hochschulreife* (qualificação específica) que pode ser obtido em alguns *Gymnasien* especializados em áreas não consideradas tradicionais do ensino acadêmico secundário, como por exemplo, negócios; o *Fachhochschulreife* (qualificação para as *Fachochschulen*). O caminho típico, estabelecido no início dos anos 1970, implica frequentar a *Fachoberschule* (escola vocacional superior) que fornece o 11° e o 12° anos de ensino após a conclusão da *Realschule*. Jovens que completam a *Realschule* e mais um ano de treinamento vocacional podem transferir-se para o 12° ano nas *Fachoberschulen*. Alunos que completaram o 12° ano no *Gymnasium* também podem se qualificar, embora, em alguns estados, sejam necessários prática de trabalho ou treinamento vocacional adicional.

Modelos internacionais de educação superior

Esse desenvolvimento do ensino superior pode ser também cíclico, com as propostas para redução das diferenças entre os vários tipos de instituição e programas subindo na agenda em momentos de escassez de graduados enquanto a segmentação e a hierarquização do ensino superior tendem a ser favorecidos – e, eventualmente, levadas a cabo – quando há temores em relação a um excesso de graduados ou à "supereducação" (Teichler, 2006).

O caso alemão[5] representa um meio-termo aqui, já que, embora tenha investido no ensino vocacional, também promoveu uma maior diversificação do seu ensino superior na figura das Faculdades Técnicas (*Fachhochschulen*, doravante *Fachs*). Em 1969, um acordo entre o governo federal e as Länder permitiu a estas últimas desenvolver novas *Fachs* mediante o financiamento de instituições completamente novas ou a promoção de escolas técnicas ou de Engenharia a categoria de instituições de ensino superior. Essas instituições traziam uma carreira estudantil muito mais estritamente planejada e estruturada, com uma fase inicial de estudos básicos com duração de 2 a 4 semestres, seguida por uma fase de estudos mais especializados com a mesma duração. Diferentemente do que ocorria nas universidades, os alunos das *Fachs* eram sujeitos a avaliação contínua de seu trabalho, por meio de provas e projetos. A duração-padrão dos cursos ali era de 3 anos com mais um ano de experiência prática (geralmente em uma empresa ou organização) e era necessário um projeto de conclusão de curso com duração de 3 a 6 meses.

Quadro 3.1 – Alemanha – Crescimento das instituições públicas de ensino superior, 1960- 2007

Tipo de Instituição	1960	1965	1970	1975	1985	1996	2007
Universidades[a]	33	34	41	49	59	90	103
Seminários (teologia)	17	17	14	11	15	16	15
Escolas de professores	52	54	51	19	10	6	6
Academias de Arte	24	26	26	26	26	46	53
Universidades Compreensivas[b]				11	8	1	•
Fachhochschulen[c]			98	97	122	176	206
Total	126	131	230	213	240	335	383

(a) Inclui universidades técnicas e as "universidades especializadas"; (b) desde o final dos anos 1980, a maior parte das "universidades compreensivas" são incluídas na rubrica "Universidades", nos registros estatísticos; (c) desde 1975, incluindo Universidades de Ciências Aplicadas Para a Administração Pública. Fonte: BMBF (1999); Kaulisch e Huisman (2007) apud Higher Education Finance. [s.d.]

---

5 "Na década de 1960, 8,7% do grupo em idade de ingressar no ensino superior na Alemanha Ocidental, o fazia, com alunos que frequentavam universidades superando os que frequentavam as *Fachs* por mais de 3 para 1. Quando da unificação, em 1989, a taxa de participação tinha mais que triplicado atingindo mais de 30%, com uma taxa de crescimento um pouco maior nas *Fachs* (Higher Education Finance..., s. d., p.1).

Originalmente as *Fachs* tinham como alvo os formados na *Fachoberschule* de 12 anos (ao invés do *Gymnasium* de 13 anos) com um certificado especialmente criado para as *Fachs*, o *Fachhochschulreife*.

Reparemos em toda essa especificidade das escolas secundárias, seus certificados e as possibilidades de continuidade na educação permitidas por cada um. Isso tem a ver com a forma como o conjunto da educação é estruturado na Alemanha. Segundo Gavin (2008), há duas grandes tendências na estruturação do ensino pós-secundário. Uma tendência, associada a países anglo-saxões, é a de buscar acomodar necessidades diversas dando a instituições e setores papéis mais amplos e menos específicos. As instituições são assim estruturadas em setores com diferentes ênfases e orientações, mas dentro de uma estrutura mais generalista, que permite aos alunos não só adiar a escolha entre a rota acadêmica e a vocacional até mais tarde do que nos sistemas onde essa diferenciação é mais forte, como também permite uma transferência mais fácil entre as duas opções.

Outros países escolhem satisfazer as necessidades de diferentes estudantes, empregadores e da sociedade estruturando setores e instituições para atender a necessidades específicas. Geralmente estabelecendo institutos vocacionais que se especializam em desenvolver habilidades para o mercado de trabalho e instituições de ensino superior que fornecem uma formação geral e educação para ocupações que pagam melhor e têm *status* elevado. Essa tendência, bem representada pelo sistema alemão, diferencia e separa fortemente o ensino vocacional do ensino superior, e os alunos que escolhem ou são direcionados a um desses caminhos nele permanecem até a sua conclusão. Isso quer dizer que, na Alemanha, o tipo de escola secundária à qual o aluno é direcionado define toda sua carreira estudantil.

Para tentar "flexibilizar" essa estrutura rígida, o modelo institucional proposto na Lei Estruturante do Ensino Superior (HRG), aprovada em 1976, foi o de *Gesamthochschulen* (universidade abrangente ou compreensiva). Diferentemente dos sistemas diferenciados separados em Universidades e *Fachhochschulen*, a *Gesamthochschule* integrada era baseada na transmissibilidade que permitiria aos alunos movimentar-se mais livremente de um tipo de curso para outro, reduzindo assim as barreiras de *status* entre os cursos práticos e acadêmicos. O princípio subjacente a esse modelo de escola era a suposição de que a integração contribuiria para corrigir vários dos problemas estruturais que afetavam o ensino nas universidades tradicionais, tais como a falta de relevância para as profissões e a falta de igualdade de oportunidades. Mas a prática dessa integração era complexa, com as diversas possibilidades indo desde uma estrutura modular que permitia aos alunos formar seu próprio diploma a partir dos módulos escolhidos, até o modelo estrutural que exigia que o aluno escolhesse logo no início do curso entre o caminho tradicional e acadêmico, mais longo, da universidade, ou o prático/vocacional, mais curto, das *Fachs* (chamado modelo V). No meio do caminho estavam o modelo consecutivo, em que os alunos podiam continuar após um determinado ponto ou sair com um diploma, e o modelo Y, em que os alunos eram mantidos juntos durante uma fase de estudos básicos (*Grundstudium*) e depois diferenciados em cursos separados.

Figura 3.1 – Educação superior alemã: três caminhos alternativos

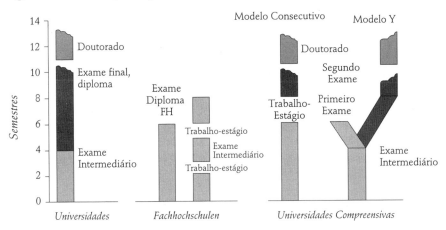

Fontes: traduzido de Teichier, U., 2006, p.26.

Mas quando a HRG foi aprovada em 1976, estabelecendo que todas as instituições de ensino superior seriam eventualmente incorporadas no modelo de *Gesamthochschulen*, a ideia já estava politicamente morta. Só algumas das 11 Länder tinham construído *Gesamthochschulen* para completar ao invés de substituir as universidades e *Fachs*, e nenhuma foi construída depois da aprovação da HRG. Segundo Neusel e Teichler (apud Nugent, 2004, p.93), foram múltiplas as razões para o fracasso da *Gesamthochschule* como modelo integrado de ensino superior na Alemanha. Além de questões ideológicas – a ideia não foi encampada pelas Länder controladas pelos mais conservadores democratas-cristãos – havia o fato de que o próprio conceito de *Gesamthochschule* não era unificado, representando na verdade uma variedade de planos estruturais e objetivos educacionais de todo o território nacional. Assim, em 1985, numa revisão da HRG, a *Gesamthochschule* foi removida como futuro modelo do ensino superior alemão. Adicionalmente, a revisão de 1985 marcou uma inflexão nas tendências centralizadoras, transferindo poder de decisão sobre projeto e conteúdo dos cursos às universidades individuais.

O fracasso das *Gesamthochschule* foi contrabalançado, ao final da década de 1980, pelo sucesso das *Fachhochschulen*, consolidando a política de dicotomização entre teoria e prática que separava as universidades das *Fachs*. Ao longo dos anos 1980, um número cada vez maior de egressos do ensino secundário estava optando pelos cursos mais curtos das *Fachs*: enquanto em 1983 37,5% dos alunos das *Fachs* tinham recebido o *Abitur*, esse número já tinha subido para 45% em 1988 (Nugent, 2004, p.94). Isso mostra que as *Fachs* estavam atraindo alunos que poderiam ir para as universidades, mas optavam pelas *Fachs*, isto é, as *Fachs* tinham se tornado uma alternativa real.

Nugent (2004, p.94) cita um estudo com informações interessantes sobre o porquê de os *Abiturienten* escolherem as *Fachs*:

> Numa pesquisa citada pelo Conselho de Ciência, a maioria dos *Abiturienten* que escolheu as *Fachhochschulen* (77%) declarou que o fez porque "o estudo na universidade é muito teórico". Sessenta e dois por cento dos *Abiturienten* também afirmaram que "o estudo na universidade é muito longo" e 44% acreditavam que havia "melhores oportunidades profissionais após o estudo numa *Fachhochschule*". Inversamente, apenas 16% dos *Abiturienten* declararam que estavam frequentando a *Fachhochschule* devido a restrições de admissão na universidade e só 13% afirmaram que a razão para frequentá-la era que a universidade não oferecia um programa de estudo similar.

Por outro lado, a clientela originalmente pretendida para as *Fachs* se encontrou em desvantagem na competição pelo acesso: a proporção de alunos que ingressaram nas *Fachs* e que tinham frequentado uma *Fachoberschule* (escola secundária técnica) caiu de 68% em 1982 para 50% em 1991, isto é, cada vez menos alunos das *Fachs* tinham uma formação vocacional anterior.

Esses desenvolvimentos levaram ao aumento do número de cursos nas *Fachs* sujeitos ao *numerus clausus*, especialmente nas áreas de Economia, Ciência da Computação, e Engenharia Mecânica e Elétrica. A Conferência Permanente de Secretários de Educação e Cultura (KMK) chegou a afirmar que não havia como atender à demanda por vagas nas *Fachs* e que era necessário um *numerus clausus* nacional para essas instituições. A seletividade de alguns programas se tornou maior do que na universidade, levando alguns alunos a "esperar" (*park*) na universidade até que obtivessem uma vaga numa *Fach*.

Esse fenômeno, o *Parkstudien*, está relacionado à questão da permanência dos alunos nas universidades e *Fachs* e também ao "envelhecimento" do alunado: enquanto na década de 1980 40% dos alunos tinham menos de 24 anos e 21% tinham mais de 28, esses números se inverteram na década de 1990, com os alunos com menos de 24 anos caindo para 28% e os com mais de 28 subindo para 30% (Nugent, 2004, p.99). Some-se a isso o aumento na média da duração do estudo, que vinha acontecendo desde a década de 1960, e tem-se um problema social sério num momento de massificação do ensino superior.

Além das *Fachs*, os governos estaduais e federal estabeleceram, na década de 1980, Escolas Superiores de Administração (*Verwaltungsfachhochschulen*)

Modelos internacionais de educação superior

para treinar o segundo escalão da administração e do serviço públicos em áreas não técnicas. Essas *Fachs* de administração pública, restritas a pessoas com contratos de trabalho em agências e órgão públicos, oferecem cursos de 3 anos de duração divididos em 18 a 24 meses de treinamento em sala, e 12 a 18 meses de treinamento no emprego.

Segundo Teichler (1990, p.15), até a década de 1970, mais de 90% dos egressos do ensino secundário prosseguiam para alguma forma de ensino superior, mas esse número declinou ao longo das décadas de 1970 e 1980. É interessante que esse declínio se dá ao mesmo tempo em que cresce o interesse pelas escolas vocacionais que, embora não exijam nenhum dos exames de conclusão do ensino médio (*Abitur, Fachschulreife*), também recebem alunos qualificados para o ensino superior: "em 1980, 6,8% (dos jovens em treinamento vocacional) estavam qualificados para ingressar no ensino superior. Este número cresceu para 12,7% em 1986" (ibidem).

Teicheler (ibidem, p.16) afirma que, em 1990, esse número passava de 50% entre os alunos de cursos no setor bancário e de seguros.

Segundo relatório da OCDE (2014, p.1) a Alemanha tem um dos níveis mais altos de graduação no ensino secundário: 86% das pessoas entre 25 e 64 anos têm pelo menos uma qualificação secundária superior (comparado a uma média de 75% na OCDE), e a porcentagem de jovens que se espera formar nesse nível atualmente (95%) é uma das três mais altas entre países e parceiros da OCDE. Nesse contexto, a qualificação vocacional é comum na Alemanha, com quase 50% dos formados no ensino secundário matriculados em programas pré-vocacionais ou vocacionais (sistema dual) que combinam escola e trabalho. Mais de 50% das pessoas entre 25 e 64 anos na Alemanha obtiveram uma qualificação vocacional, seja no nível secundário, seja no pós-secundário.

O relatório destaca que:

> Devido aos bem estabelecidos e altamente reconhecidos programas vocacionais secundários (sistema dual) com baixas taxas de desemprego, os incentivos para a obtenção de educação terciária podem ser mais baixos na Alemanha em comparação com outros países. (OCDE, 2014, p.1)

O que talvez explique o fato de que, apesar da expectativa de crescimento nas matrículas, a média alemã de graduação no ensino superior ainda esteja abaixo da média da OCDE: em 2012, esperava-se que 31% dos jovens na Alemanha se formassem em algum programa de ensino superior academicamente orientado ao longo de sua vida, o que, embora representando um crescimento de 18% em relação a números do ano 2000, ainda é significativamente mais baixo do que os 38% esperados para a média dos países da OCDE.

O sistema atual

Até o início da década de 1990, as tendências e políticas estruturais de ensino superior eram claramente desenvolvimentos e políticas nacionais. A comparação internacional era uma ferramenta poderosa para a compreensão dos desenvolvimentos nacionais e para o estabelecimento de uma estrutura na busca pelo melhoramento, mas diferentes decisões eram tomadas em países individuais refletindo visões internacionais das melhores opções, preferências políticas variadas, bem como contextos nacionais. Contudo, o final da década de 1990 foi um momento de virada para a ação supranacional tornar os padrões de sistemas nacionais de ensino superior um pouco mais semelhantes na Europa.

Até o final do século XX, o ensino superior alemão era tradicionalmente oferecido em "longos" programas integrados (4 a 6 anos), levando a um *Diplom* ou *Magister Artium*[6] ou completados por um exame Estatal (*Staatsprüfung*). Com a assinatura da Declaração de Sorbonne, em 1998, sobre a "harmonização da arquitetura do Sistema de Ensino Superior Europeu" – e a adesão ao Processo de Bologna,[7] em 1999 –, começa um longo processo de adaptação ao sistema de três ciclos da Área de Ensino Superior Europeia. Desse modo, os antigos programas vêm sendo substituídos por um novo sistema. Programas de Bacharelado e Mestrado são agora oferecidos na maioria das instituições ao invés dos antigos programas integrados, exceto pela maioria dos estudos em Direito e Medicina. Esses programas são projetados para fornecer uma maior variedade e flexibilidade aos alunos no planejamento e execução de seus objetivos, bem como aumentar a compatibilidade internacional dos estudos, elevando assim a mobilidade internacional. Cada vez mais, as instituições de ensino superior oferecem programas em inglês para atrair um número maior de alunos. Os programas de Doutoramento ou Pós-Doutoramento na sua maioria ainda não estão sujeitos à regulamentação do Estado, mas há uma tendência clara na direção de programas mais integrados.

---

6 Esses diplomas, que requerem uma monografia final, são popularmente considerados equivalentes a um Mestrado dos sistemas que seguem um modelo anglo-saxão.

7 Lançado em 1999 pelos ministros de Educação e líderes das universidades de 29 países, o Processo de Bologna pretendia criar uma Área Europeia de Ensino Superior (EHEA, em inglês) até 2010; ele foi desenvolvido em uma vasta reforma compreendendo 46 países. Participar do Processo é uma decisão voluntária tomada por cada país e sua comunidade de ensino superior para apoiar os princípios que sustentam a EHEA (Disponível: <http://www.eua.be/eua-work-and-policy-area/building-the-european-higher-education-area/bologna-basics.aspx>).

Modelos internacionais de educação superior

Figura 3.2 – Representação esquemática da estrutura "típica" do ensino na Alemanha. Pode haver variações em cada estado

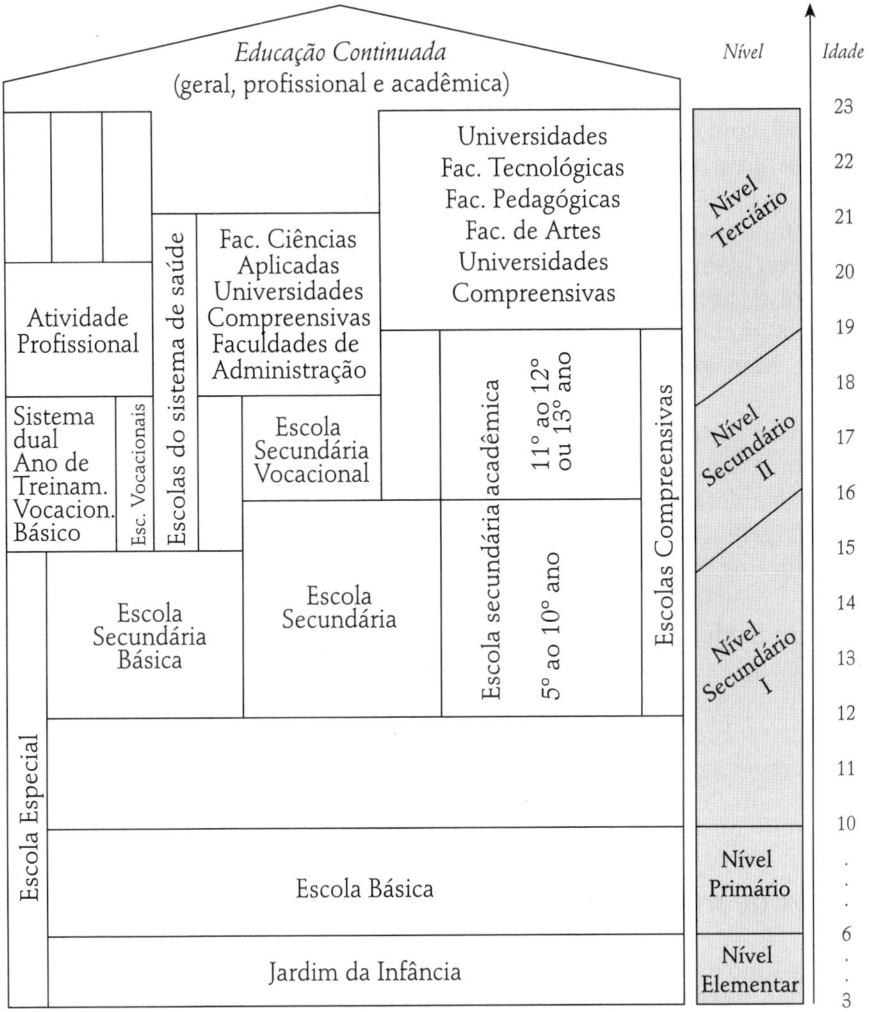

Fonte: elaboração própria.

Além dessas, outras transformações vêm afetando o ensino superior na Alemanha, com destaque para a reforma federalista e novos regimes de governança.

No sistema federativo alemão, a educação pública está sob a autoridade de cada uma das 16 Länder. Até 2008, o *status* legal das instituições de ensino superior e procedimentos referentes à admissão ao ensino superior eram governados por uma lei federal estruturante, a *Hochschulrahmengesetz* (HRG), dentro da qual leis estaduais podiam ser formuladas. A HRG foi abolida em 2008, como parte de uma grande reforma no sistema federal alemão. A partir de então, o governo federal só tem autoridade para legislar conjuntamente sobre admissão e diplomas. Isso reforçou a influência legal das Länder, bem como as diferenças entre os estados no que diz respeito a legislação, promoção e desenvolvimento do ensino superior.

Outras mudanças, com impacto ainda maior, tiveram início já na década de 1990, com destaque para as reformas que introduziram novos mecanismos de governança no ensino superior alemão. Segundo Füssel e Wolter (2013, p.123-4), "o regime tradicional de governança do ensino superior na Alemanha pode ser descrito como uma combinação entre a predominância de regulamentação estatal, com uma posição menos poderosa, mas influente, da comunidade acadêmica". Mas no início da década de 1990 teve início a implantação de um novo modelo, inspirado no conceito de New Public Management, que estabeleceu novos procedimentos para o relacionamento entre governo e instituições de ensino superior e dentro das próprias instituições: administração de contratos, acordos de metas, procedimentos de financiamento e alocação baseados em fórmulas ou indicadores, contabilidade comercial (dupla entrada) ao invés de cameralista (entra única), gerência de qualidade, entre outros. Como resultado houve uma mudança na estrutura de autoridade das políticas de ensino superior, com alguma transferência da regulação do Estado para a instituição, de professores individuais e comitês acadêmicos para a administração da universidade e comitês externos.

O novo modelo de governança será discutido com mais profundidade na seção sobre financiamento do ensino superior alemão. Passamos agora a descrever seu "estado" atual com destaque para os tipos de instituição, os requisitos e formas de admissão, currículos, diplomas e certificação.

Tipos de instituição

Segundo dados fornecidos pela Conferência de Reitores alemães (HRK),[8] havia em 2015 uma população discente de aproximadamente 2,7 milhões de alunos, distribuída em 399 instituições de ensino superior (excluídas as 29 *Verwaltungsfachhochschulen* – Escolas Superiores de Administração), mantidas e/ou reconhecidas pelo Estado, divididas nos seguintes tipos:

- 121 Universidades e instituições equivalentes de ensino superior, incluindo: Escolas Superiores Técnicas (*Technische Hochschulen*); Universidades Técnicas (*Technische Universitäten*); Escolas Superiores Pedagógicas (*Pädagogische Hochschulen*); Faculdades Teológicas etc.;

---

8 Ver Final Hochschulen in Zahlen 2015 (BMBF, 2015)

- 58 Faculdades de Artes e Música;
- 220 Escolas Superiores para Ciências Aplicadas/Escolas Superiores para Pesquisa Aplicada (*Fachhochschulen*).

A imensa maioria delas (238) é estatal; 161 são reconhecidas – mas não administradas – pelo Estado; dessas, 121 são privadas e 40 são confessionais.

O terceiro grau inclui, ainda, Academias Profissionais (*Berufsakademien*) administradas ou reconhecidas pelo Estado em algumas Länder. As *Fachschulen* e as *Fachakademien* de Bayern também são parte desse nível. As dimensões do sistema podem ser resumidas no Quadro 3.2, com dados da mesma fonte:

Quadro 3.2 – Alunos de gradução, Alemanha 2015

Total	*2,70 milhões*
Mulheres	1,29 milhões
Homens	1,41 milhões
Percentual estrangeiros	11,8%
Alunos por tipo de escola	
Universidades	1,73 milhões
Faculdades de Ciências Aplicadas	929.784
Faculdades de Artes e Música	35.230

Fonte: elaboração própria com dados da Conferência de Reitores alemães. Disponível em: < https://www.hrk.de/uploads/media/2015-05-13_Final_Hochschulen_in_Zahlen_2015_fuer_Internet.pdf >

Universidades e instituições equivalentes de ensino superior

Além das universidades tradicionais, as Universidades e Escolas Superiores Técnicas, especializadas em Engenharia e Ciências Naturais, igualmente desfrutam de *status* de universidades. Também equivalentes às universidades são os estabelecimentos que oferecem uma série limitada de cursos, como faculdades tecnológicas e Escolas Superiores Pedagógicas. Estas últimas, que só existem em Baden-Wurttemburg, foram incorporadas às universidades nas outras Länder ou expandidas para formar instituições que oferecem uma gama maior de cursos.

O que essas instituições têm em comum, como regra, é o direito de conceder o grau de Doutor (*Promotionsrecht*). A pesquisa acadêmica e científica – especialmente a pesquisa básica – e o treinamento da próxima geração de acadêmicos também são características desse grupo de instituições.

Faculdades de Artes e Música

As Faculdades de Artes e Música oferecem cursos nos campos de artes visuais, performáticas e design, bem como na área de filme, televisão e mídia, e em vários campos da música; em alguns casos também ensinam as disciplinas teóricas pertinentes (belas artes, história da arte e pedagogia da arte, musicologia, história e ensino da música, estudos em mídia e comunicação, bem como, mais recentemente, a área de novas mídias). Algumas faculdades ensinam toda a gama de disciplinas artísticas, outras, apenas alguns ramos de estudo.

Fachhochschulen

Como dissemos, as escolas superiores de ciências aplicadas (*Fachhochschulen*)[9] foram introduzidas em 1970-1971 como um novo tipo de instituição no sistema de ensino superior na República Federal da Alemanha. Elas cumprem um papel específico, caracterizado por um viés de orientação prática no ensino e na pesquisa, um semestre geralmente integrado de treinamento prático, e professores que, além de suas qualificações acadêmicas, obtiveram experiência profissional fora do campo do ensino superior.

Uma proporção relativamente alta delas, mais de 50%, não é mantida pelo Estado, mas é em grande medida sujeita às mesmas provisões legais das *Fachhochschulen* estatais. Elas variam consideravelmente em termos de tamanho, número de alunos e número de cursos e, consequentemente, têm um caráter regional específico ou uma área particular de especialização. Um papel especial cabe às 29 *Verwaltungsfachhochschulen* (*Fachhochschulen* de administração pública), que treinam servidores públicos para carreiras no assim chamado nível superior do serviço público. Elas são mantidas pelo governo federal ou estadual e seus alunos têm *status* revogável de servidores públicos.

A revisão da lei Estruturante do Ensino Superior, em 1985, eliminou diferenças formais no *status* legal e no grau de supervisão governamental entre universidades e *Fachhochschulen*.

---

9 Em algumas Länder as Fachhochschulen são chamadas de Escolas Superiores para Ciências Aplicadas (Hochschulen für angewandte Wissenschaften) ou Escolas Superiores para Pesquisa Aplicada (Hochschulen für angewandte Forschung). Em Bayern algumas Hochschulen für angewandte Wissenschaften podem se intitular Technische Hochschule (instituição de ensino superior técnico).

Modelos internacionais de educação superior

Estabelecimentos fora do sistema de ensino superior: *Berufsakademien, Fachschulen*

Berufsakademien (academias profissionais) formam parte do terceiro grau e combinam treinamento acadêmico em uma *Studienakademie* (instituição de ensino) com treinamento profissional prático em um estabelecimento de treinamento, constituindo assim um sistema dual. As empresas arcam com os custos do treinamento *on the job* e pagam um salário aos alunos, que também é recebido durante a parte teórica do treinamento na instituição de ensino. *Berufsakademien* foram inicialmente estabelecidas em 1974 em Baden-Württemberg como parte de um projeto-piloto e são atualmente encontradas em algumas Länder como instituições administradas ou reconhecidas pelo Estado.

Cursos oferecidos nas *Berufsakademien* incluem, em especial, Negócios, Tecnologia e Serviço Social. A extensão desses cursos é geralmente estipulada em três anos pela constituição da Land respectiva.

Como uma alternativa para os cursos duais das *Berufsakademien*, várias *Fachhochschulen* desenvolveram cursos chamados duais.

Fachschulen são instituições de educação vocacional continuada e aprimoramento no nível superior que, via de regra, exigem a conclusão de treinamento vocacional relevante em uma ocupação reconhecida que demanda treinamento formal e subsequente emprego.

Fachschulen que oferecem cursos de dois anos existem em pouco menos de 160 especializações diferentes nos campos de Economia Agrícola, Design, Tecnologia, Negócios e Serviço Social, Engenharia Mecânica, Civil, Química e Administração de Empresas. Há também outras *Fachschulen* de dois anos para ciências domésticas, *Fachschulen* para cuidados, assistência e educação para portadores de necessidades especiais (*Heilerziehungspflege*), bem como *Fachschulen* de um ano (por exemplo, gestores certificados pelo Estado para a área de Agricultura). Cuidadores de crianças e jovens (*Erzieher*) certificados pelo Estado, são treinados num período de dois a três anos em *Fachschulen* para jovens e trabalho comunitário para ingressar no campo socioeducacional de serviço social direcionado a crianças e jovens, como creches, jardins da infância e organizações de serviço social para a juventude.

Seja em tempo parcial, sejam em tempo integral, elas levam a uma qualificação na educação continuada profissional de acordo com a lei estadual. Adicionalmente, as *Fachschulen* podem oferecer cursos de aperfeiçoamento e formação continuada, bem como programas de desenvolvimento de carreira. Aqueles que completam o treinamento nas *Fachschulen* agem como intermediários entre a esfera funcional dos graduados e aquela dos trabalhadores qualificados numa ocupação reconhecida que demande treinamento formal.

Programas de primeiro ciclo

Num sistema de qualificações consecutivas, o Bacharel é a primeira qualificação do ensino superior que fornece ingresso em uma profissão e a qualificação-padrão para o estudo feito em uma instituição de ensino superior. Em 2015, as universidades e instituições equivalentes de ensino superior, *Fachhochschulen* e Faculdades de Artes e Música ofereceram coletivamente quase 8 mil cursos diferentes levando a um diploma de Bacharel.

Cursos nas disciplinas de Direito, Medicina, Ortodontia, Veterinária, Farmácia e Engenharia de alimentos não são concluídos com um exame de Bacharel, mas com um exame estatal (*Staatsprüfung*). Alguns cursos de treinamento de professores também são concluídos com um *Staatsprüfung*.

Áreas de estudo, especialização, em *Fachhochschulen*

Em 2015, as *Fachhochschulen* ofereceram mais de 5 mil cursos diferentes levando a um diploma de Bacharel. Acima de tudo, são ensinados nas *Fachhochschulen* cursos nas seguintes áreas:

- Agronomia, Engenharia Florestal e Nutrição
- Engenharias
- Economia/Direito Econômico
- Serviço Social
- Administração Pública, Administração da Justiça
- Tecnologia da Informação, Ciência da Computação, Matemática
- Ciências Naturais
- Design
- Estudos da Informação e da Comunicação
- Enfermagem e Administração no Serviço Público de Saúde

Há também cursos internacionais nessas áreas de estudo. A maioria desses cursos nas *Fachhochschulen* tem base nas áreas de Direito, Economia e Ciências Sociais, seguidas pelas engenharias.

Um período-padrão de estudo (*Regelstudienzeit*) é fixado nas regulações dos exames (*Prüfungsordnungen*) para cada curso. As regulações determinam o período em que um curso pode ser completado com o exame pretendido. Para o período-padrão total de estudo nos cursos de Bacharelado e Mestrado consecutivos nas *Fachhochschulen* se aplica a descrição do período--padrão de curso em universidades e instituições equivalentes de ensino superior. Nas *Fachhochschulen* o período-padrão de estudo para os cursos de Bacharel é geralmente de seis ou sete semestres incluindo semestres de treinamento prático.

Requisitos de admissão

A admissão a qualquer curso em universidades e instituições equivalentes de ensino superior geralmente requer o *Allgemeine Hochschulreife* ou o *Fachgebundene Hochschulreife*. O primeiro garante aos egressos do ensino secundário o estudo em qualquer instituição de ensino superior, em qualquer disciplina ou área, enquanto o segundo permite o ingresso somente em cursos específicos.

O *Allgemeine Hochschulreife* ou o *Fachgebundene Hochschulreife* é obtido após 12 ou 13 anos de escola completando o *gymnasiale Oberstufe* (ensino médio) ou certos cursos de ensino vocacional no final do ensino médio.

O *Allgemeine Hochschulreife* também pode ser obtido em *Abendgymnasien*, cursos noturnos para trabalhadores, e em *Kollegs*, escolas de período integral para os que concluíram treinamento vocacional. Outras opções são o exame *Abitur* para não alunos, pessoas às quais se reconhece o direito a asilo, ou pessoas já empregadas, de excepcional capacidade intelectual.

Além do *Hochschulreife*, em algumas áreas a aptidão do candidato é determinada mediante procedimentos separados de exame. Isso se aplica particularmente ao esporte e às artes.

Em março de 2009, as Länder decidiram sobre precondições-padrão sob as quais candidatos vocacionalmente qualificados sem uma qualificação para ingresso no ensino superior obtida na escola poderiam conseguir direito de ingresso no ensino superior (*Hochschulzugang für beruflich qualifizierte Bewerber ohne schulische Hochschulzugangsberechtigung*). A resolução abre a admissão ao ensino superior geral a mestres-artesãos, técnicos, pessoas com qualificações vocacionais em ocupações comerciais ou financeiras e pessoas com qualificações similares, e define as condições sob as quais candidatos vocacionalmente qualificados sem capacitação para progressão na carreira se tornam elegíveis ao ingresso no ensino superior restrito a um campo específico de estudo e seguindo a conclusão bem-sucedida de treinamento vocacional e três anos de experiência em sua ocupação.

Os Programas de Terceiro Ciclo (PhD)

Organização dos estudos de doutorado

As vias que levam a um doutorado são variadas. O principal modelo na Alemanha é o doutorado individual supervisionado. Estudos de doutorado são feitos em universidades, e cerca de um terço deles em cooperação com institutos de pesquisa não universitários. Há ainda a opção de programas de doutorado cooperativos entre universidades e *Fachhochschulen*.

Reginaldo C. Moraes • Maitá de Paula e Silva • Luiza Carnicero de Castro

O doutorado é conferido com uma tese de doutoramento, que deve ser baseada em pesquisa independente, e exames orais chamados *Rigorosum*. Os exames orais podem ser substituídos por uma defesa da tese do aluno (*Disputation*) ou uma realização comparável. Com exceção dos programas estruturados para doutorandos, uma tese de doutoramento não tem limite de tempo para ser escrita e, quando aprovada, garante a um aluno o título de Doutor (*Doktorgrad*).

Para apoiar os acadêmicos em ascensão, foram criados a partir da década de 1990 nas instituições de ensino superior os *Graduiertenkollegs*, financiados pela Fundação Alemã de Pesquisa (*Deutsche Forschungsgemeinschaft* – DFG), para fornecer oportunidades aos alunos para preparar seus doutorados dentro da estrutura de um programa de estudo sistemático. Atualmente há mais de 200 *Graduiertenkollegs* na Alemanha. Desde 1998, tem crescido o número de outras formas de treinamento cooperativamente estruturadas para doutorandos. Elas incluem programas internacionais de doutoramento, Escolas de Pesquisa Max Plank Internacionais, Escolas de Pós-Graduação (*Graduiertenschulen*) promovidas dentro da estrutura da Iniciativa de Excelência da Federação das Länder para a Promoção da Ciência e da Pesquisa nas Instituições de Ensino Superior Alemãs (Exzellenzinitiative des Bundes und der Länder zur Forderung von Wissenschaft und Forschung an deutschen Hochschulen).

Financiamento: a progressão da descentralização, da NAP e do compartilhamento de custos

De acordo com a constituição alemã, o sistema de ensino superior é responsabilidade das Länder, o que significa que seu financiamento, bem como os instrumentos de governança e gestão são regulados por legislação estadual. As universidades são incorporadas na administração pública estadual como corporações públicas, seus professores são funcionários públicos e seus orçamentos anuais são parte do orçamento das Länder aprovados pelas assembleias legislativas. Embora todas as instituições acadêmicas estejam sujeitas às leis federais e estaduais, as instituições de ensino superior têm garantido o direito constitucional de autoadministração.

A grande maioria do financiamento do ensino superior na Alemanha vem de fontes públicas.[10] Até recentemente os investimentos mais vultosos em edifícios e equipamento científico maior vinham sendo compartilhados com o governo federal (50%/50%), mas uma longamente debatida reforma

---

10 Há um setor privado com um pouco mais de 100 instituições (2015), muito pequeno em termos de alunos atendidos, mas que vem crescendo. Essas instituições são financiadas através de mensalidades e fundos privados, e em alguns casos também são subsidiadas pelo Estado.

do federalismo (de 2009), com o intuito de separar as competências das duas instâncias de governo, resultou no fim do financiamento federal para grandes investimentos, sem afetar, contudo, a empreitada conjunta para o financiamento da pesquisa.

"O ensino superior na Alemanha – bem como no resto da Europa – passa por várias mudanças como parte da transformação do setor público de uma organização burocrática em um setor de serviços baseado na administração pública" (Amaral; Meek; Larsen apud Fussel; Wolter, 2013, p.130). Assim, recentemente, as ideias da Nova Administração Pública (NAP) vêm sendo adotadas no ensino superior alemão, focando em um modelo de governança que assegura autonomia em um nível descentralizado, mas que garante que os objetivos do centro sejam atingidos mediante instrumentos competitivos do mundo dos negócios. A implantação do novo regime de governança varia de *Land* para *Land* como consequência do regime federalista; assim, enquanto alguns governos e suas administrações reduziram em grande medida suas competências nesse âmbito, outros têm sido mais relutantes. Mas a introdução de formas de coordenação dirigidas pelo mercado, somada à massificação, à internacionalização e ao fortalecimento da diferenciação institucional reforçam essas mudanças. Isso é mais visível no que se refere ao financiamento do ensino superior.

Os modos e modelos de financiamento servem não apenas para alocar recursos para fins específicos, mas vêm sendo usados cada vez mais como ferramentas de gestão ou governança em situações em que as instituições funcionam em um ambiente caracterizado por uma ausência de elementos competitivos. Vem crescendo o uso de mecanismos de coordenação típicos do mercado no setor do ensino superior e o financiamento cada vez mais tem se baseado no desempenho. A expectativa é que a ênfase em competição e desempenho encoraje as instituições de ensino superior a focar no fornecimento do melhor custo-benefício.

Alguns analistas classificam os mecanismos de financiamento como "de insumo" (*input funding*), quando se financiam custos específicos como salários, instalações, manutenção, investimentos; e "de produto" (*output funding*), quando os orçamentos institucionais estão amarrados a resultados específicos no ensino e na pesquisa. Acredita-se que o financiamento "de produto" apresenta mais incentivos para o comportamento eficiente do que o "de insumo", estimulando uma preocupação com o desempenho a ser avaliado para o financiamento. Outra questão é o grau de competição adotado pelas decisões de financiamento, que se traduz no grau de centralização das decisões no âmbito estatal. Em um extremo, o governo determina os recursos das instituições centralmente, enquanto no outro as decisões individuais de alunos e instituições guiam o sistema. Na vida real, o grau de centralização (ou orientação para o mercado) fica no meio do caminho.

O que se vem observando na Alemanha é que as Secretarias da Educação das Länder vêm se "retirando" de várias áreas de gestão e governança financeira centralizada. O deslocamento de um modelo de gestão governamental detalhada "de insumo" para um modelo "de produto" é caracterizado pelo uso de financiamento orientado para objetivos com base em parâmetros de desempenho e a introdução de instrumentos de administração de negócios tais como acordos de metas e contabilidade de custos e por atividade. Por todo o país, estão sendo firmados acordos contratuais entre as Länder e as instituições de ensino superior como pactos de ensino superior. Embora os pactos impliquem cortes nos orçamentos na maioria das Länder, eles proporcionam às instituições a segurança do planejamento de longo prazo (estabilidade). Esses pactos de ensino superior são complementados por acordos de metas entre as Länder e instituições individuais para garantir que objetivos específicos da política de ensino superior sejam atingidos apesar da gestão descentralizada do financiamento ao nível da instituição.

Os acordos de metas são usados ainda como instrumentos de governança entre as Länder e as instituições. Dado que a maior autonomia financeira e a estabilidade no planejamento resultam em altas demandas de responsabilidade e transparência, as instituições realizam a contabilidade de custo e por atividade, além de desenvolverem sistemas de notificação padronizados. Mas em um contexto de subfinanciamento crônico, número crescente de alunos e relações alunos/funcionários desfavoráveis, a proporção de financiamento básico que pode ser usada sem restrições vem caindo, enquanto a proporção de fundos reservados para programas específicos vem crescendo, aumentando a pressão sobre as instituições e suas equipes.

Deve-se destacar que uma das características fundamentais da NAP é a competição; logo, embora haja notáveis vantagens nos acordos de metas (consenso, autonomia, estabilidade, entre outros), tem de haver perdedores, não só entre as instituições, como também dentro delas.

É digno de nota que, concomitantemente à ascensão dessas práticas mais ligadas ao funcionamento do mercado, tenha surgido a proposta de cobrança de mensalidades nas Universidades alemãs, tradicionalmente gratuitas, como parte de uma tendência ao compartilhamento de custos.

Em janeiro de 2005, após vários anos de debate, a Suprema Corte do país deu ganho de causa a seis Länder contra a Lei Estruturante do Ensino Superior (HRG), derrubando a proibição e permitindo a introdução de mensalidades. Até então, apenas algumas taxas eram permitidas (alunos que excediam a extensão normal de um programa, taxas mensais para alunos matriculados em um segundo curso e taxas de matrícula – estas últimas iam para o orçamento estadual). No entanto, a decisão levou apenas sete Länder a introduzir a cobrança de mensalidades em 2006/2007, e quase todas elas as aboliram depois de um ciclo eleitoral. Em 2014 apenas uma Land ainda cobrava mensalidades e deixaria de fazê-lo ao fim daquele ano acadêmico.

Aparentemente, o motivo para essa reviravolta foi a democracia: os governos que reverteram a decisão, deixando de cobrar mensalidades, se mantiveram no poder, os que resistiram à pressão popular perderam as eleições.

O período de cobrança de mensalidades durou pouco e os estudos produzidos foram controversos: uns mostravam impacto pouco significativo na decisão de ingressar no ensino superior ou de mudar-se para uma Land que não cobrasse mensalidades, outros mostravam um impacto mais significativo, mas a metodologia de vários dos estudos (com diferentes resultados) foi questionada. Uma vez que a prática foi abolida no país não vamos nos deter no assunto.

BAföG, crédito estudantil e programas de bolsas

Antes de a ascensão das práticas pró-mercado ter atingido o ensino superior na Alemanha, em 1971, já havia sido criada uma lei federal para fornecer empréstimos e subvenções aos alunos necessitados, com base na renda de seus pais, a BAföG (Berufsausbildungsfoerderungsgesetz – Lei Federal de Assistência ao Treinamento e à Educação).[11] Com a proposta de possibilitar a todos uma educação independentemente de sua situação econômico-financeira, a lei permitia que alemães e, desde 2008, estrangeiros (dependendo da nacionalidade e do *status* de residência) pudessem solicitar o empréstimo/subsídio, com um limite de idade de até 30 anos para graduação e até 35 para mestrado (exceto no caso de um segundo diploma ou da existência de filhos com menos de 10 anos).

Inicialmente os empréstimos eram não reembolsáveis, mas depois foram alterados para uma combinação, condicionada pelos recursos da família, de 50% um subsídio não reembolsável e 50% um empréstimo sem juros a ser pago em 20 anos a partir do 5° ano após a graduação.[12] Os fundos são fornecidos pelos governos federal (65%) e estaduais (35%) e há elementos baseados no mérito: após o 5° semestre o aluno tem de submeter um "certificado de qualificação" para manter a qualificação para o BAföG. Quando o aluno precisa estender seu tempo em um programa para além do normal, ele pode receber um empréstimo apenas, com juros em torno de 4%-5% e uma obrigação de reembolsá-lo após seis meses da graduação.

O BAföG é diferenciado de acordo com vários aspectos do custo de vida. Assim, alunos nos "estados antigos" da Alemanha Ocidental recebem mais

---

11 As informações sobre o BAföG foram retiradas, a não ser quando indicado de outro modo, do documento Higher Education Finance... (2014).

12 É interessante notar que em estudo publicado em 2014 com o sugestivo título "Por que nós simplesmente não lhes damos o dinheiro? Financiando despesas de subsistência dos alunos na Alemanha", Grave e Sinning (2006) argumentam que os custos de cobrança não compensam a parcela empréstimo do BAföG.

do que aqueles nos "estados novos" no leste; o mesmo ocorre com alunos que vivem sós comparados àqueles que vivem com seus pais, e alunos vivendo em cidades com custo de vida especialmente alto podem receber recursos adicionais. Os dados (BMBF, 2015, p.67) mostram que aproximadamente um terço dos alunos do ensino superior vem sendo financiado pelo BAföG nos últimos anos.

As solicitações do BAföG são feitas por intermédio dos Escritórios de Auxílio Financeiro das universidades, que decidem quais alunos são elegíveis para os empréstimos/subsídios ou para o empréstimo bancário BAföG. Este último, com taxas de juros baixas, garante pagamentos mensais do banco estatal de desenvolvimento da Alemanha, o KfW Förderbank, sem a exigência de garantia. Os juros são reajustados a partir do pagamento da primeira parcela do crédito a uma taxa variável baseada no Euribor (Taxa Oferecida pelo Interbanco Europeu) de seis meses, mais uma taxa de 1% para cobrir custos administrativos. Uma vez que começa o pagamento (depois do período de tolerância de seis meses), os alunos podem negociar uma taxa de juros fixa com o KfW Förderung para o período restante do empréstimo (limitado a não mais do que dez anos) e devem pagar em parcelas mensais iguais de no mínimo € 105. Os empréstimos bancários com juros devem ser pagos antes dos empréstimos BAföG sem juros e ambos devem ser pagos dentro de 22 anos.

Além do BAföG, ainda é possível solicitar por intermédio dos Escritórios de Auxílio Financeiro das universidades um empréstimo estudantil de crédito para a educação financiado pelo governo federal. Esse empréstimo, não condicionado pelos recursos da família, não exige garantia e visa cobrir despesas que o BAföG não cobre. O crédito é obtido em parcelas mensais de € 300 por um período máximo de 24 meses. Os juros são reajustados a partir do recebimento da primeira parcela a uma taxa variável baseada no Euribor de seis meses e inclui uma taxa administrativa de 1%. O pagamento deve ser feito em parcelas mensais de € 120.

Alunos alemães (e estrangeiros que vivem na Alemanha há pelo menos três anos) também podem solicitar a um parceiro comercial do KfW Förderbank um empréstimo estudantil não condicionado pelos recursos da família para despesas de subsistência. Os empréstimos estudantis do KfW fornecem entre € 100 e € 650 por mês para despesas de subsistência durante o primeiro curso de um aluno por até 10 (em alguns casos 14) semestres. O empréstimo é feito a uma taxa de juros variável ajustada a cada seis meses às taxas correntes do mercado de capitais. O contrato garante um nível máximo para a taxa de juros por 15 anos. O pagamento dos juros pode ser adiado durante o período de tolerância de seis a 23 meses e os devedores têm até 25 anos para pagar o empréstimo. O parceiro comercial ganha € 238 pelos serviços, que são pré-financiados pelo KfW e se tornam parte do empréstimo.

Há ainda outros subsídios e bolsas que merecem destaque. A Deutschlandstipendium (Bolsa Alemanha), desenvolvida em 2011 para alunos talentosos e altamente qualificados é um programa não condicionado pela situação socioeconômica de um candidato, como o BAföG, e fornece € 300 mensais – 50% do governo federal e 50% de fundações privadas – por um período mínimo de dois meses até o limite do tempo nominal do curso. Esse valor está dentro do limite que não entra nos cálculos do BAföG para avaliar os recursos do aluno quando da concessão do empréstimo/subsídio.

É interessante observar que a proposta do Deutschlandstipendium é criar e fortalecer uma cultura de patrocínio acadêmico no país que é pouco desenvolvida quando comparada tanto à média da União Europeia quanto à da OCDE, e ainda mais fraca quando comparada à existente na Coreia do Sul, no Reino Unido e nos Estados Unidos. O recrutamento dos patrocinadores (pessoas físicas e empresários individuais, corporações e sociedades, pessoas jurídicas de direito privado e público), bem como a seleção dos candidatos à bolsa é feito pelas instituições de ensino. O site da Universidade de Bremen tem uma página ("torne-se um patrocinador") dedicada a atrair patrocinadores para seus alunos onde as vantagens da prática são listadas. O desconto fiscal aparece bem no fim da lista e como algo menos importante do que promover o futuro da sociedade mediante o desenvolvimento de mão de obra altamente qualificada.

Há ainda várias fundações que oferecem programas de bolsa a alunos muito talentosos em programas de Bacharelado e Mestrado (algumas até Doutorado): partidos políticos, sindicatos, igrejas e indústrias. Entre elas vale destacar: Hans Bockler, Friedrich Naumann, Fridrich Ebert, Konrad Adenauer, Heinrich Boll etc.

O suporte indireto: o papel da família e dos descontos de impostos

Uma fonte extremamente importante de renda para os alunos na Alemanha se encontra no suporte financeiro da família, mais que isso, porém, nos benefícios fiscais que os pais dos alunos recebem.

Gráfico 3.1 – Gasto público com ensino superior na Alemanha (2004)

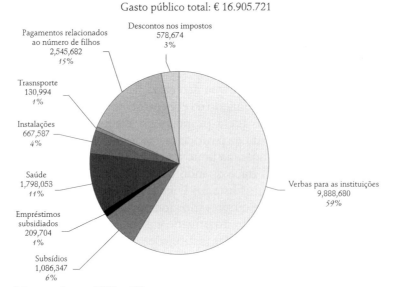

Fonte: Schwarzenberger (2008, p.70).

Neste mesmo ano, o setor público financiou 56% dos gastos com ensino superior – ante 44% gastos pelo setor privado representado pelos alunos e seus pais. Desses 56%, um pouco menos de dois terços (59%) são gastos com o ensino propriamente dito, e um pouco mais de um terço é formado por uma miríade de outros programas de apoio aos alunos e suas famílias. Schwarzenberger (2008, p.68-9) nota que o apoio público ao ensino superior vai muito além do que é normalmente discutido em público – mormente o BAföG e os pagamentos relacionados aos filhos – e apresenta uma lista longa e vultosa de programas de apoio monetário indireto e direto, bem como apoio não monetário direto (programas de subsídio à saúde, transporte, instalações etc.).

É interessante destacar que o relatório aponta uma diferença no modo como esses programas ajudam a compor a renda de alunos de diferentes estratos sociais. Embora a renda total dos alunos não difira muito segundo seu *status* social, os alunos de famílias mais ricas têm maior participação da ajuda da família na sua renda, enquanto os alunos de famílias mais pobres se apoiam mais em programas públicos, especialmente no BAföG. Isso leva Schwarzenberger (2008, p.80) a questionar a mistura de programas de "tarifa única" e "apoio direcionado" como a melhor para cumprir a meta de atrair mais alunos de origem social baixa para o ensino superior: "Dado que o apoio indireto na forma de benefícios fiscais favorece aqueles alunos cujos pais têm renda alta, poderíamos perguntar se este tipo de apoio é realmente adequado".

Referências

BAKER, D.; LENHARDT, G. The institutional crisis of the German research university. *Higher Education Policy*, n.21, p.49-64, 2008.

BMBF, Bildung und Forschung in Zahlen 2015. Ausgewahlte Fakten aus dem Daten--Portal des BMBF. Disponível em: <https://www.bmbf.de/pub/Bildung und Forschung in Zahlen 2015.pdf>.

CLARK, B. Introduction. In: ___. (Ed.). *The Research Foundations of Graduate Education*. Germany, Britain, France, United States, Japan. Berkeley; Los Angeles; Oxford: University of California Press, 1993. p.xv-xxi.

FLEMING, D.; BAILYN, B. (Eds.). *The Intellectual Migration: Europe and America, 1930-1960*. Cambridge (MA): Harvard University Press, 1969.

FRIEDBERG, E.; MUSSELIN, C. *L'État face aux universités en France et en Allemagne*. Paris: Ed. Economica, 1993.

FUSSEL, H.-P.; WOLTER, A. 7. Germany. In: RUSSO, C. J. *Handbook of Comparative Higher Education Law*, s. l.: R&L Education, 2013.

FUHR, C. The German Education System since 1945: outlines and problems, inter nationes. Bonn: s. n, 1997.

GAVIN, M. *From vocational to Higher Education*: an international perspective. London: McGraw-Hill Education, 2008.

GELLERT, C. Germany. In: CLARK, B. (Ed.). *The Research Foundations of Graduate Education*. Germany, Britain, France, United States, Japan. Berkeley; Los Angeles; Oxford: University of California Press, 1993. p.3-44.

GRAVE, B. S.; SINNING, M. Why don't we just give them the money? Financing living expenses of students in Germany. In: CHAPMAN, B. et al. *Funding Systems and Their Effects on Higher Education Systems*: country study. Germany, IMHE/OECD, Nov. 2006.

HIGHER EDUCATION FINANCE and Cost Sharing Profiles by Country: Germany. The international comparative higher education finance and accessibility project, State University of New York at Buffalo. Disponível em: http://gse.buffalo.edu/org/inthigheredfinance/files/Country_Profiles/Europe/Germany.pdf>.

HIPACH-SCHNEIDER, U.; TOTH, B. (Ed.). *The German Vocational Education and Training (VET) System, BIBB*. Bundesinstitut für Berufsbildung, 7.ed. Setembro, 2009.

KECK, O. The National System for technical innovation in Germany. In: NELSON, R. R. (Ed.). *National Innovation Systems*. A comparative analysis. New York:. Oxford University Press, 1993.

LE BOT, I.; TREMBLAY, D.-G. *The German Dual Apprenticeship System*. Analysis of its evolution and present challenges. Québec: Université du Québec, 2003.

LINGENS, H. G. *German Higher Education*. Issues and Challenges. Indiana: Bloomington, 1998.

McCLELLAND, C. E. *State, Society and University in Germany*, 1700-1914. London; New York; Melbourne; New Rochelle; Sydney: Cambridge University Press, 1980.

NUGENT, M. *The Transformation of the Student Career*: university study in Germany, the Netherlands, and Sweden. s. l.: Routledge, 2004.

OCDE. Education at a Glance 2014, Country Note: Germany. Disponível em: <http://www.oecd.org/edu/Germanv-EAG2014-Countrv-Note.pdf>. Acesso em: 17 ago. 2017.

PETROSKY, J. The German dual educational system: evolving needs for a skilled workforce. *Perspectives on Business and Economics*, 1996. Disponível em: <http://citeseerx.ist.psu.edu/viewdoc/download?doi=10.1.1.195.3805&rep=rep1&type=pdf>. Acesso em: 11 abr. 2016.

PHILLIPS, D. (Ed.). Education in Germany: Tradition and Reform in Historical Context, Routledge, 2013.

POWELL, J. J. W. et al. Comparing the relationship between vocational and higher education in Germany and France. Econstor. Der Open-Acces-Publikationsserver der ZBW. Leibiniz-Informationszentrum Wirtschaft. *WZB Discussion Papel*, n.SP I 2009-506, 2009.

RUJTKOFF, P. M.; WILLIAM, B. S. *New School: a history of the new school for social research*. The Free Press: New York, 1986, cap. 5.

SCHWARZENBERGER, A. (Ed.). Public/private funding of higher education: a social balance. *HIS Hochschul-Informations-System* GmbH. Hannover, March 2008.

STIGLITZ, J. E (Ed.). Income contingent loans: theory, practice and prospects. *International Economics Association, Conference Volume*, n.153, Palgrave Macmillan, 2014.

TEICHLER, U. Changing structures of the higher education systems: the increasing complexity of underlying forces. *Higher Education Policy*, v.19, p.447-61, 2006. Disponível em: <http://www.palgrave-iournals.com/hep/iournal/v19/n4/abs/8300133a.html>.

_____. The First Years of Study at Fachhochschulen and Universities in the Federal Republic of Germany. *Alle Rechte vorbehalten*, 1990. Disponível em: <https://www.researchgate.net/publication/275183295_The_First_Years_of_Study_at_Fachhochschulen_and_Universities_in_the_Federal_Republic_of_Germany.>. Acesso em: 17 ago. 2017.

THE INTERNATIONAL Comparative Higher Education Finance and Accessibility Project, Higher Education Finance and Cost Sharing Profiles by Country: Germany, State University of New York at Buffalo, s. d. Disponível em: <http://gse.buffalo.edu/org/inthigheredfinance/files/Country Profiles/Europe/Germany.pdf>. Trow, Martin, 1974.

TROW, M. *Twentyeth-Century Higher Education: elite to mass to universal*. Baltimore: Johns Hopkins University Press, 2010.

4
Notas sobre o Sistema Dual alemão

Luiza Carnicero de Castro

Atualmente, a Alemanha é um dos países europeus com maior proporção de pessoas que concluíram os níveis mais altos do ensino secundário.[1] O fato é relevante. O percentual de cobertura do ensino superior é mais baixo do que o francês, por exemplo, e bem mais fraco do que o norte-americano. Ainda assim, diversos estudos sobre inovação mostram que a economia alemã é extremamente eficiente na geração de inovação industrial, incluindo aquela que dinamiza os chamados segmentos tradicionais. Tem sido também extremamente eficiente naquilo que se chama de inovação adaptativa e/ou incremental, bastante dependente do entrelace amigável entre o projeto e a execução, isto é, no "chão de fábrica". E esses fatos têm sido frequentemente relacionados com a forma de organização das empresas e a qualificação do seu trabalhador de nível médio (sem formação superior).

Nos Estados Unidos, nos últimos vinte anos, um grande número de analistas tem chamado atenção para esse aspecto, reivindicando a adoção, naquele país, de algo que imite ou, de algum modo, cumpra o papel de equivalente funcional do sistema alemão. Por isso, vale a pena introduzir esta nota sobre esse segmento educativo. Por vezes se tem lembrado que os norte-americanos, não resolvidas as dificuldades e deficiências de seu ensino médio e profissional, são forçados a equacioná-las no nível superior,

---

1 Em 2007, a porcentagem era de 60% da população, enquanto na União Europeia tal proporção era de 47% (Tabela 4) (Hippach-Schneider;Toth, 2009, p.9).

mediante uma combinação de massificação e diversificação nem sempre bem-sucedida, dadas as perdas no caminho (como a evasão média).

O prestígio da educação alemã em grande medida se deve ao que ficou conhecido como o sistema educacional dual, que tem sido referência para várias nações industrializadas (Petrosky, 1996, p.1; Hippach-Schneider; Toth, 2009, p.9). A denominação "sistema dual de educação" se explica pela conjugação do treinamento voltado especificamente para uma profissão com o aprendizado teórico em escolas públicas.

A verdade é que o treinamento vocacional na Alemanha desfruta de uma importância bem mais significativa na preparação de jovens adultos para o mercado de trabalho do que em outros países europeus (Powell et al., 2009, p.8). É um recurso educativo que garante inovação, competitividade e coesão social, já que ao estabelecer fortes vínculos com o mercado de trabalho, o sistema dual proporciona aos seus aprendizes chances significativas de emprego (Hippach-Schneider; Toth, 2009, p.13). As instituições formadoras de mão de obra alemãs são internacionalmente reconhecidas como eficazes contra o desemprego entre jovens, problema que vem assolando várias economias atualmente (Deissinger, 1994; Regini, 1997, in Powell et al, 2009, p.8). A Alemanha, inclusive, exibe taxas de desemprego entre jovens menores do que as observadas na União Europeia (Tabelas 4.1, 4.2 e 4.3).

Tabela 4.1 – Taxas de desemprego por grupos etários, 2002 (%)

País/ Idade	15-24	25-49	50-64
União Europeia	17,8	8,2	6,6
Alemanha	9	7,8	10

Fonte: Eurostat, 10 mar. 2009 (Hippach-Schneider; Toth, 2009, p.8)

Tabela 4.2 – Taxas de desemprego por grupos etários, 2005 (%)

País/Idade	15-24	25-49	50-64
União Europeia	18,5	8,0	6,7
Alemanha	15,2	10,1	11,9

Fonte: Eurostat, 10 mar. 2009 (Hippach-Schneider; Toth, 2009, p.8)

Tabela 4.3 – Taxas de desemprego por grupos etários, 2007 (%)

País/Idade	15-24	25-49	50-64
União Europeia	15,4	6,4	5,5
Alemanha	11,7	7,8	9,3

Fonte: Eurostat, 10 mar. 2009 (Hippach-Schneider; Toth, 2009, p.8).

Panorama histórico

O sistema dual na Alemanha remonta à Idade Média, quando jovens eram treinados para exercer ocupações comerciais, artesanais e técnicas. Durante os séculos XVIII e XIX, a grande maioria da população ainda era rural e somente treinamentos voltados para práticas artesanais eram oficialmente regulados. A partir do século XX, isso começou a mudar rapidamente, inaugurando o que atualmente se entende por sistema dual (Le Bot; Tremblay, 2003, p.5).

Após a Segunda Guerra Mundial, dois princípios norteadores do sistema educacional alemão se generalizaram para a educação vocacional: as unidades federativas passaram a ter completa autonomia do governo central para definir as suas políticas educacionais e entidades não governamentais passaram a exercer influência na formação dessas políticas. Durante a década de 1960, momento em que se concedeu forte importância a políticas sociais voltadas para a diminuição das desigualdades, muito se debateu sobre a educação na Alemanha. Nesse contexto, o sistema dual foi regulamentado, por meio do Ato de Treinamento Vocacional (Berufsbildungsgesetz – BBiG), em 1969 (ibidem).

O ato cobriu todas as ocupações que requeriam treinamento, exceto as relacionadas ao serviço público. A ampla abrangência do ato é, inclusive, uma particularidade da Alemanha. Nos países europeus em que os sistemas vocacionais são institucionalizados, a regulamentação é restringida a somente algumas áreas (ibidem).

Foi igualmente criado o Instituto Federal para Treinamento Vocacional (Bundesinstitut für Berufsbildung – BIBB), ocupado com o planejamento e as estatísticas do ensino dual. Subordinado ao governo federal e atrelado ao Ministério de Educação e Ciência (BMBW), o BIBB é também responsável pela atualização e ampliação do sistema, acompanhando desenvolvimentos sociais, econômicos e tecnológicos (ibidem, p.7).

Ao longo da década de 1970, várias emendas ao ato tiveram a intenção de aprimorar a qualidade do ensino vocacional. O contexto era desfavorável do ponto de vista econômico, com forte desemprego entre jovens e diminuição dos cursos de aprendizes. Buscou-se banir as aulas voltadas para ocupações consideradas obsoletas. Na prática, isso levou a uma ampliação dos cursos introdutórios, algo que foi severamente criticado pelos empregadores, sob o argumento de que havia, a partir de então, pouco espaço para a prática (Le Bot; Tremblay, 2003, p.6).

Em dezembro de 1981, o Parlamento Federal alemão (Bundestag) aprovou o Ato de Promoção de Treinamento Vocacional (BerBiFG), que endossou o Ato de 1969. A década de 1980 assistiu a intenso progresso técnico e econômico. Novas estratégias foram criadas para que a Alemanha se adaptasse às novas necessidades de qualificação de mão de obra. Sobretudo em relação às tecnologias de informação e comunicação, os cursos vocacionais precisavam ser suficientemente flexíveis para acompanhar as rápidas mudanças do setor. Em 1983, o governo federal elaborou uma série de projetos-piloto com o objetivo de integrar as novas tecnologias no sistema dual. A intenção era capacitar professores, fornecer às escolas e aos centros de treinamento equipamentos apropriados e modificar as regulações para as áreas de treinamento, principalmente para as ocupações técnicas e comerciais (Le Bot; Tremblay, 2003, p.6).

Funcionamento

Como já salientado, o sistema educacional alemão é significativamente complexo. As crianças passam a frequentar o jardim da infância aos 3 anos. Isso é opcional até os 6, quando iniciam a Escola Primária (Grundschule). Essa é compulsória, dura quatro anos e ao finalizá-la os alunos iniciam o Nível Secundário I, com um estágio de dois anos de orientação. É a partir daí que começam as singularidades do sistema educacional alemão. O objetivo desse estágio é justamente auxiliar os discentes a decidirem o futuro dos seus estudos, pois eles terão várias opções de educação secundária (Le Bot; Tremblay, 2003, p.7). Cada uma das alternativas apresenta possibilidades diferentes no que tange ao ensino superior e à carreira profissional.

Há, em primeiro lugar, a *Hauptschule*, na qual os alunos terminam o ensino compulsório (o Nível Secundário I), aos 16 anos, na nona série. Trata-se do nível mais baixo no sistema educacional alemão e disponibiliza aos graduados o certificado *Hauptschulabschluss*. Os estudantes que o obtêm não são, contudo, considerados aptos para ingressar nas universidades, mas somente em escolas vocacionais (Powell et al., 2009, p.4). Tradicionalmente, a *Hauptschule* é descrita como provedora de mão de obra para ocupações com baixa qualificação como artesanato ou ramos industriais (Maurice, 1986 in Powell et al., 2009, p.9).

Em segundo lugar, há a *Realschule* ou *Mittelschule*, que embora proporcione a seus graduados possibilidades mais abrangentes de estudos, igualmente não os habilita ao ingresso nas universidades. Tem duração de seis anos (até o décimo ano) quando os alunos bem-sucedidos obtêm o *Mittlere Reife* – um certificado necessário para ocupações administrativas, desempenhadas pela maioria dos jovens da classe média. O *Mittlere Reife* também é pré-requisito para escolas técnicas superiores (*Fachoberschulen)*, que dão acesso a cursos especializados com *status* universitário ou universidades integradas (*Fachhochschulen*). São instituições menos acadêmicas e, portanto, mais orientadas para ocupações, como engenharia civil e trabalho social (Le Bot; Tremblay, 2003, p.7; Powell et al., 2009, p.4).

Em terceiro lugar, há o *Gymnasium* – o mais qualificado nível da educação secundária, ao final do qual os alunos recebem o *Abitur* – um certificado que lhes permite ingressar na universidade e nas universidades de ciências aplicadas (*Fachhochschulen*) (Petrosky, 1996, p.2; Powell et al., 2009, p.4).

Em todos os níveis, os alunos são incentivados a frequentar os cursos vocacionais, para que se tornem mais competitivos no mercado de trabalho. Autores destacam, assim, a superioridade de conhecimentos dos estudantes alemães que não optam por seguir ensino superior, quando comparados com seus colegas nos Estados Unidos e no Reino Unido (Petrosky, 1996, p.2).

Tabela 4.4 – Nível educacional da população entre 25-64 anos, 2007 (%)

	Educação primária e pré-secundária	*Educação secundária superior e pós-secundária não terciária*	*Educação terciária*
Alemanha	16	60	24
União Europeia	29	47	23

Fonte: Eurostat; EU Labour Force Survey (Schneider; Toth, 2009, p.9).

Sindicatos

O sucesso do sistema dual se deve muito à mobilização dos sindicatos. Praticamente metade de força de trabalho alemã é sindicalizada. Por conta disso, o custo da mão de obra é considerado alto – para cada dólar pago diretamente ao trabalhador, as companhias atribuem 84 centavos em benefícios como seguro social, seguro desemprego, plano de saúde, férias e planos de pensão. A média de horas/trabalho semanal é 37,5 horas e os trabalhadores costumam ter altas taxas de abstenção. Nos Estados Unidos, é comum que 4% da força de trabalho faltem em um determinado dia. Já na Alemanha, a média das taxas de abstenção é de 10% entre os trabalhadores industriais. Por conta dos altos custos da mão de obra, as empresas alemãs necessitam investir na qualificação de seus trabalhadores para se tornar competitivas no mercado internacional, sendo, assim, estimuladas a participar dos programas duais (Petrosky, 1996, p.4).

Os aprendizes geralmente iniciam seus estudos entre 16 e 19 anos e os cursos vocacionais costumam durar entre três e quatro anos. Os cursos são um contrato legal entre o aluno e o empregador. Os primeiros três meses funcionam como um teste probatório. No entanto, dificilmente um empregador rompe um contrato com um aluno, por causa das rígidas regras estabelecidas pelos sindicatos, inclusive durante o período probatório (Petrosky, 1996, p.2).

Os setores industriais e comerciais são aqueles em que os cursos vocacionais são predominantes (Tabela 4.6). Outros setores em que há forte presença de aprendizes são agricultura e serviços civis (Lynch, 1994, p.25-60, in Petrosky, 1996, p.2).

Tabela 4.5 – Contratação de aprendizes

	Contratação	Graduados	Relação Contratação/ Graduados
2002	572.323	918.997	62,3%
2003	557.634	929.806	60%
2004	572.980	945.381	60,6%
2005	550.180	939.279	58,6%
2006	576.152	946.766	60,9%
2007	625.885	942.129	66,4%
2008	616.259	909.783	67,7%

Fonte: BMBF (Bundesministerium für Bildung und Forschung, Ministério Federal de Educação e Pesquisa) (Schneider; Toth, 2009, p.31).

Tabela 4.6 – Aprendizes em setores 2007/2008

Setor	Absoluto	%
Indústria e Comércio	277.655	54,3
Artesanato	105.072	20,5%
Serviço Público	14.811	2,9%
Agricultura	6.795	1,3%
Profissões Liberais	29.655	5,8%

Fonte: BIBB (Instituto Federal para Treinamento Vocacional) (Schneider; Toth, 2009, p.32).

Ao mesmo tempo, o sistema dual costuma ser a principal porta de entrada para um trabalhador dentro de uma companhia. As empresas, de fato, manifestam preferência pelos profissionais que passaram por seus próprios treinamentos. Um recém-graduado no sistema dual, não contratado pela companhia que o treinou, é sempre visto com desconfiança no mercado de trabalho. Pois isso pode demonstrar que ele abandonou a companhia que o treinou – algo interpretado como uma grande desfeita – ou que a empresa o recusou por não o considerar um bom profissional (Petrosky, 1996, p.2).

Salários

Salários são negociados entre sindicatos e empregadores, dentro de cada setor. Há uma ampla disparidade salarial, de acordo com o ramo industrial e a ocupação. As maiores remunerações são direcionadas para os cargos pouco procurados pelos aprendizes. Dessa forma, salários pagos para alunos que almejam trabalhar em bancos são mais baixos por causa da popularidade da ocupação. As remunerações são reajustadas de acordo com os anos de estudo. Em 1998, os aprendizes recebiam menos da metade da média dos salários dos trabalhadores qualificados (Le Bot; Tremblay, 2003, p.19).

Certificados

Os aprendizes são submetidos a exames, que lhes conferem certificados. Estes são essenciais para um/uma trabalhador/a adquirir emprego em tempo integral na Alemanha. Entre 1985 e 1989, somente um quarto da mão de obra no país não dispunha de um certificado vocacional (Lange, 1994, in Petrosky, 1996, p.2).

Há três tipos de certificado: um que é emitido no final do período de treinamento, após aprovação em um exame nacional, ao qual todos os aprendizes são submetidos; outro disponibilizado pela firma; e um terceiro expedido pela escola. A combinação entre os três exames auxilia a manter a qualidade dos cursos no âmbito nacional e não somente na esfera de uma determinada empresa. Trata-se de testes orais e escritos que também têm o intuito de assegurar que os objetivos do sistema dual estejam sendo alcançados (Le Bot; Tremblay, 2003, p.16).

Financiamento

O financiamento dos cursos vocacionais é dividido entre os governos estaduais, as empresas privadas e os próprios aprendizes. Os governos custeiam a parte educativa do sistema dual, enquanto as empresas arcam com o treinamento profissionalizante. Já os aprendizes, como já dito, costumam ganhar em média um terço do salário de um trabalhador regular (Petrosky, 1996, p.3).

O debate em torno do financiamento do ensino dual é controverso, no que tange às contribuições das companhias. O Ato de Treinamento Vocacional de 1969 foi bem explícito em seus artigos na necessidade de disponibilizar treinamento de longa duração e de boa qualidade. Contudo, em nenhum momento faz menção à captação de recursos para tanto – não há qualquer cláusula que obrigue as empresas a oferecer centros de treinamento e, portanto, a cooperar financeiramente.

A verdade é que os custos do ensino dual variam muito, dependendo da firma, do setor e das negociações coletivas em torno dos salários pagos aos aprendizes. Em geral, representam 49% dos gastos líquidos de uma empresa.

Pesquisas demonstram, entretanto, que é mais caro contratar profissionais diretamente no mercado de trabalho. As firmas reconhecem, assim, que desfrutam de várias vantagens com o sistema dual. Observa-se, por exemplo, que há uma significativa redução de riscos de se fazer uma má contratação. Não causa, portanto, surpresa que várias empresas treinem mais aprendizes do que necessitam (Le Bot; Tremblay, 2003, p.18).

O envolvimento de vários atores sociais

A popularidade do sistema dual também se deve à mobilização de grupos externos às companhias privadas. Os cursos e os currículos são organizados pelos governos regionais. As legislações que regem o sistema, bem como os métodos de avaliação dos cursos são responsabilidades do governo federal. As associações de empregadores e os sindicatos industriais igualmente têm forte importância para a manutenção dos cursos (Lynch, 1994, p.28, in Petrosky, 1996, p.2).

O sistema dual inclui, portanto, três atores: as autoridades públicas, as organizações empresariais e os sindicatos. Dessa forma, há três princípios que o norteiam:

1. O princípio da dualidade. O sistema dual se alicerça no ensino teórico em escolas vocacionais e no treinamento dentro das empresas. Os programas das escolas vocacionais são responsabilidade das unidades regionais (Länder), enquanto o treinamento dentro das firmas é regulado nacionalmente. Isso necessita de medidas que harmonizem os programas. O Ato de Treinamento Vocacional acordado em 1969 cobria somente o treinamento no âmbito empresarial. A coordenação entre o governo federal (responsável pelo ensino nas firmas) e os ministérios regionais de Educação e Cultura (responsáveis pelo ensino nas escolas) foi colocada em vigor em 1972: qualquer decisão concernente aos treinamentos precisa ser aprovada por todos os parceiros envolvidos. O aluno costuma passar dois dias da semana em escolas públicas vocacionais, onde tem disciplinas como Idiomas, Economia e Matemática e assiste a aulas teóricas sobre a ocupação

Modelos internacionais de educação superior

que irá exercer. O resto da semana é dedicado ao treinamento no local de trabalho. Nas empresas pequenas e médias, o aluno aprende o seu ofício participando diretamente no sistema produtivo da firma (Le Bot; Tremblay, 2003, p.13). Empresas de grande porte geralmente possuem os seus próprios centros de treinamento (Petrosky, 1996, p.2).

2. O princípio de que a ocupação está em primeiro lugar. O sistema dual não está focado nas necessidades das empresas, mas em fornecer as qualificações necessárias para o desempenho de uma ocupação.

3. O princípio do consenso. O sistema dual funciona como uma cooperação entre firmas e o sistema de escolas públicas. O estabelecimento de novas regras ou a revisão das já existentes pode ser desencadeado pelos sindicatos, pelas associações patronais e pelo Instituto Federal para Treinamento Vocacional (BIBB).

A coordenação entre o currículo das escolas e o treinamento realizado dentro das empresas é resultado de um longo e complexo processo (Le Bot; Tremblay, 2003, p.14). Primeiramente, os parceiros decidem os aspectos mais básicos do programa, como a duração do treinamento e a ocupação à qual será designado. Alcançado um acordo, o Instituto Federal para Treinamento Vocacional (BIBB) elabora um projeto e uma comissão do Ministério da Educação (Ständige Konferenz der Kultusminister der Länder in der Bundesrepublik Deutschland – KMK) desenvolve um currículo principal (ibidem, p.15).

Posteriormente, é realizada uma sessão plenária para congregar o projeto elaborado pelo BIBB, com o currículo desenvolvido pela comissão do Ministério da Educação. O treinamento e o currículo são assim adotados por decreto pelo ministério federal e pela Conferência dos Ministros da Cultura das unidades regionais (Möbus; Verdier, 1999, in Le Bot; Tremblay, 2003, p.15). Cada estado precisa estabelecer o seu programa de instrução, tendo como referência o currículo principal desenvolvido pelo Ministério da Educação (Le Bot; Tremblay, 2003, p.15).

A controvérsia mais recorrente nos debates é a diferença entre o que uma empresa precisa e o que é considerado adequado para uma dada ocupação. Assim, enquanto os sindicatos defendem uma formação ampla, que garanta autonomia ao trabalhador, as empresas buscam estabelecer um treinamento mais focado nas suas necessidades produtivas (ibidem, p.15).

Supervisão

As Câmaras Regionais de Comércio e Indústria são responsáveis por supervisionar o processo de treinamento vocacional e validar os exames. Nos comitês das Câmaras, há um número igualitário de representantes dos trabalhadores e dos empregadores. Em situações em que o treinamento ocorrido dentro da empresa não corresponda com o regulamento nacional, a Câmara pode cancelar o contrato com a firma e impedi-la de obter novos contratos de aprendizes.

Da mesma forma, os Quadros de Exames contêm o mesmo número de representantes dos trabalhadores, das empresas e dos professores. Todo ano, os sindicatos designam mais de 100 mil membros para compor esses quadros (ibidem, p.16).

Regulação dos locais de treinamento

Como já observado anteriormente, as empresas na Alemanha não são obrigadas a disponibilizar cursos para aprendizes. Dessa forma, há vários fatores que estimulam uma firma a oferecer treinamento para seus futuros contratados. A situação econômica, por exemplo, pode ser vista como um importante estímulo para tanto. Em períodos de recessão, os treinamentos são rapidamente cortados, com o intuito de reduzir despesas.

Durante a década de 1970, o sistema dual foi confrontado com vários desafios, por causa da alta procura pelos cursos, provocada pelo aumento de desemprego entre jovens. Em 1992, houve nova alta, com a incorporação da Alemanha Oriental (Le Bot; Tremblay, 2003, p.21).

Há um forte esforço dos sindicatos, empregadores e políticos para equilibrar a oferta e a procura dos cursos disponíveis. A diminuição de profissionais bem treinados não é um problema para a maioria dos países, mas esse não é o caso da Alemanha. A taxa de desemprego entre jovens costuma ser inferior à observada em outros países europeus (tabelas 4.1, 4.2 e 4.3). Isso se explica pela responsabilidade social dos empresários em manter um suficiente número de locais para treinamento. Se compararmos com outros países, há um alto nível de organização entre os empregadores alemães (Le Bot; Tremblay, 2003, p.22).

Treinamento vocacional continuado

O Treinamento Vocacional Continuado tem se expandido consideravelmente em vários países. Tornou-se uma fonte de inovação para as

Modelos internacionais de educação superior

empresas, pois responde a mudanças estruturais que vêm ocorrendo no âmbito produtivo, como o aumento de mulheres no mercado de trabalho, migração e mudanças tecnológicas.

A origem do Treinamento Vocacional Continuado remonta à dificuldade do sistema dual de atender às mudanças cada vez mais recorrentes no mercado de trabalho. Empresas o oferecem para as suas próprias equipes e firmas menores podem contratar serviços externos de treinamento continuado para os seus funcionários. A maior parte dos matriculados é de profissionais que pagam individualmente o treinamento ou que recebem ajuda financeira do Estado. A decisão de frequentar os cursos ou é tomada individualmente ou é decorrente de um requerimento da empresa (Le Bot; Tremblay, 2003, p.24).

Reunificação

A Queda do Muro afetou sobremaneira o sistema dual, com a integração das classes trabalhadoras dos dois países. Uma das primeiras questões foi a enorme diferença entre os currículos dos dois países. Na Alemanha Oriental, não havia nenhum tipo de treinamento em ocupações comerciais, já que atividades relativas ao mercado não faziam sentido em uma economia planificada.

O ensino teórico ocorria exclusivamente nas indústrias e não em escolas públicas, como no Ocidente. Os aprendizes trabalhavam diretamente na produção e frequentemente assumiam tarefas complexas, sem qualquer propósito pedagógico (Le Bot; Tremblay, 2003, p.27).

O período de transição foi marcado pelo fechamento de várias empresas estatais e a eliminação de aproximadamente 4 milhões de empregos. As indústrias remanescentes foram obrigadas a modernizar os seus equipamentos para atualizar os seus centros de treinamento. Como os investimentos para tanto foram muito altos, vários outros postos tiveram de ser igualmente fechados. Isso levou o setor industrial da ex-República Democrática alemã a ser associado com altos riscos de desemprego, afetando de maneira significativa a procura dos jovens por essas ocupações. As mulheres, que já encontravam forte dificuldade para obter vagas nos centros de treinamento, praticamente abandonaram os setores técnicos e industriais (Le Bot; Tremblay, 2003, p.28).

Com o propósito de compensar a escassez de centros de treinamento, o governo financiou a criação de novas estruturas privadas. De acordo com alguns observadores, as medidas ferem os princípios do sistema dual, pois o mercado passou a ser principal referência para regular os programas, quando esses sempre foram pautados pelas necessidades de qualificação da mão de obra (Giraud, 1995, in Le Bot; Tremblay, 2003, p.27).

111

União Europeia

A Comissão Europeia tem desenvolvido estratégias para padronizar os sistemas de treinamento dos países que a compõem (Petrosky, 1996, p.7). No entanto, uma completa harmonização entre os programas vocacionais não é possível e tampouco desejável. Há fortes diferenças entre eles e estima-se que a integração completa dos sistemas educacionais prejudique a diversidade cultural.

Em primeiro lugar, os países diferem na parcela de tempo em que os aprendizes passam nas escolas e nas empresas. Na França, por exemplo, todo o processo ocorre em salas de aula, enquanto na Inglaterra e na Itália, nas empresas. A Alemanha, portanto, é um caso intermediário.

Outra diferença está na importância que cada país confere ao certificado de treinamento para a obtenção de emprego. Na Alemanha, o certificado representa o ápice, do ponto de vista teórico e prático, que um profissional pode adquirir. Já na Itália e no Reino Unido, o certificado de treinamento não dispõe de semelhante importância (Petrosky, 1996, p.6).

De qualquer forma, a Alemanha é uma economia orientada para a exportação, circundada por nove países e localizada no centro da Europa. Não causa surpresa que tenha enorme interesse em promover uma área de educação europeia. Iniciativas voltadas para o aumento da mobilidade e da cooperação no que tange à educação estão relacionadas com o desenvolvimento da Área Europeia de Educação e Emprego, consequente dos processos de Lisboa e Copenhague.

O processo de Lisboa (também cunhado de Agenda de Lisboa ou Estratégia de Lisboa) foi lançado em 2000 pela União Europeia com o objetivo de criar uma economia baseada no conhecimento (Lisbon Process, 2016).

Já o processo de Copenhague, lançado em 2002, busca ampliar a cooperação europeia em relação ao ensino vocacional, aperfeiçoando a *performance* e a qualidade dos cursos, sobretudo os dedicados à educação para a vida toda (Lifelong Learning – LLL) (The Copenhagem Process, 2016).

Há um consenso tanto no âmbito da União Europeia quanto nos níveis nacionais a respeito da necessidade de se promover um sistema educacional que não se restrinja aos jovens, mas que alcance todas as faixas etárias. Trata-se do Programa de Aprendizado para a Vida Toda (Lifelong Learning Program, 2007-2013). Para tanto, foram criados o Quadro de Qualificação Europeia (European Qualification Framework – EQF) e o Sistema de Crédito Europeu em Educação Vocacional e Treinamento (European Credit System in Vocational Education and Training – ECVET).

Na Alemanha, tais iniciativas foram adotadas em uma emenda ao Ato de Treinamento Vocacional de 1969, em 2005. Dessa forma, treinamentos realizados no exterior passaram a ser reconhecidos nacionalmente. O país investiu mais de 18,5 milhões de euros em 2007 para a mobilidade da

Modelos internacionais de educação superior

educação vocacional e do treinamento, atingindo 7.500 aprendizes e 1.400 especialistas da educação vocacional.

O Quadro de Qualificação Europeia tem o propósito de funcionar como uma referência para simplificar as comparações entre as diversas experiências nacionais. Na Alemanha, foi criado o Quadro de Qualificação Alemã (Deutscher Qualifikationsrahmen – DQR) no intuito de identificar a natureza específica de seus sistemas de educação e treinamento e assim desenvolver conexões com a Estrutura de Qualificação Europeia.

O envolvimento da União Europeia com o ensino vocacional alemão está ligado ao programa Leonardo da Vinci, associado ao Programa de Aprendizado para a Vida Toda. Trata-se da criação de parcerias europeias para o intercâmbio de práticas, o aumento de especialistas e o aprimoramento da qualificação dos alunos. Na Alemanha, a Agência Nacional de Educação para Europa, situada no Instituto Federal para Educação Vocacional e Treinamento (Bundesinstitut für Berufsbildung – BIBB) é responsável pela condução das parcerias (Hippach-Schneider; Toth, 2009, p.17-19).

Em 2000, foi criado o Fundo Social Europeu – o principal instrumento financeiro da União Europeia para investimento social – atrelado à estratégia de Lisboa para aumento de empregos. O Fundo tem o propósito de providenciar treinamento para desempregados ou pessoas em condições de vulnerabilidade. Estados-membro elaboraram as suas versões locais do Fundo Social Europeu para lidar com as suas necessidades específicas. Na Alemanha, o Ministério Federal do Trabalho e de Assuntos Sociais (Bundesministerium für Arbeit und Soziales – BMAS) tem a incumbência de tomar as medidas relativas ao Fundo Social Europeu. As prioridades são: oferecer aptidões básicas, incentivar o aprendizado em todas as faixas etárias e aumentar a qualidade dos programas vocacionais (ibidem, p.21).

Desafios

Atualmente, o Sistema Dual alemão vem passando por uma série de questionamentos, em decorrência da importância que os setores de serviços vêm adquirindo, em detrimento da produção industrial (Powell et al., 2009, p.10).

Outro aspecto que vem sendo discutido é a rigidez dos cursos, algo que dificulta a adaptação a mudanças econômicas, sociais e demográficas que vêm acompanhando o país. Segundo especialistas, isso tem afetado a competitividade alemã (Bosch, 2000, in Le Bot; Tremblay, 2003, p.27).

Quando, em 1970, novas tecnologias foram introduzidas no sistema produtivo, os currículos do sistema dual se tornaram obsoletos, sendo, assim, necessária uma atualização dos referenciais de treinamento. Em 1987, por exemplo, uma ampla reforma combinou profissões similares e reduziu o número de treinamento profissionalizante de 900 (1945) para 356 (1997) ocupações. Além disso, estipulou um núcleo comum de disciplinas para várias carreiras no primeiro ano.

De fato, os processos de atualização dos programas de treinamento costumam ser bem lentos, pois todas as decisões são decorrentes de um consenso entre empregadores, sindicatos e autoridades públicas e, recorrentemente, há conflitos de interesses (Le Bot; Tremblay, 2003, p.19). Em alguns casos, essas discussões chegam a durar anos, o que levou o governo federal a instituir em 1995 o limite de dois anos para as adaptações do ensino dual às transformações tecnológicas.

O Instituto Federal para Treinamento Vocacional (BIBB) criou, assim, um sistema para averiguar se as ocupações em treinamento vinham acompanhando os processos de inovação no mercado de trabalho. Como diversos países ocidentais, a Alemanha tem tido problemas de instabilidade econômica, devido a mecanismos institucionais pouco flexíveis. O país enfrentou, assim, várias dificuldades em integrar novas profissões em seu mercado de trabalho, sobretudo aquelas do setor de serviços, como já mencionado (Le Bot; Tremblay, 2003, p.20).

Há ainda demandas por uma educação igualitária para toda a sociedade como forma de aprofundamento da cidadania e democracia – um modelo que privilegia um ensino mais abrangente (e, portanto, menos especializado). Trata-se de um forte desafio ao programa de treinamento profissional alemão, pois análises sustentam que a especialização é ainda o alicerce de todo o sistema vocacional na Alemanha (Deissinger, 1998, in Powell et al., 2009, p.9). A ideia, por exemplo, de expandir os períodos escolares para incluir uma educação acadêmica mais geral é recorrentemente rejeitada no país (Powell et al., 2009, p.10).

A verdade é que em se tratando das possibilidades de integração social via educação, pode-se dizer que o caso alemão é polêmico. Com um ensino secundário altamente estratificado, é discutível que alunos tenham as mesmas oportunidades nos últimos estágios do ciclo escolar (ibidem, p.16).

Mesmo assim, o Sistema Dual alemão garantiu o seu prestígio em decorrência das baixas taxas de desemprego entre jovens. Não obstante, o desemprego entre jovens vem aumentando recentemente e de forma mais intensa do que em outros grupos etários. A duração da fase de transição do ensino dual para o emprego aumentou desde 2000. Em 2005, mais de um terço de graduados dos programas vocacionais não foi imediatamente contratado (ibidem, p.14).

Além disso, o sistema dual atualmente não tem tido sucesso em empregar jovens de baixa renda e provindos de minorias étnicas. Os cursos vocacionais vêm, inclusive, tendo dificuldades para unir jovens com empresas que ofereçam carreiras estáveis (Baethge et al., 2007, in Powell et al., 2009, p.8). Independentemente das flutuações cíclicas da economia e das

Modelos internacionais de educação superior

mudanças tecnológicas, a procura pelos programas de treinamento aumentou em uma proporção além do que as empresas estão dispostas a oferecer. Novamente, os mais prejudicados são os jovens que tiveram poucas oportunidades de ensino. Estes têm cada vez menos chances de obter vagas no sistema dual e, com isso, acabam compondo grupos com baixa qualificação, que se mantêm na periferia do mercado de trabalho – um problema que vem sendo enfrentado não só pela Alemanha, mas por toda a Europa (Solga, 2005, in Powell et al., 2009, p.8).

No intuito de lidar com tal questão, foi criado o sistema de treinamento pré-vocacional (Übergangssystem). Esse recebe por ano em torno de meio milhão de alunos, que não foram aprovados no treinamento vocacional regular (Konsortium Bildungsberichterstattung 2006, in Powell et al., 2009, p.9). A medida busca contribuir com a formação de jovens mais competitivos dentro do mercado de trabalho. No entanto, o sistema pré-vocacional não inclui o treinamento no interior das empresas, experiência altamente estimada pelos empregadores. Em 2006, 50,8% dos alunos egressos da *Hauptschule* não encontraram locais de treinamento profissional no ensino dual, sendo, assim, encaminhados para os cursos pré-vocacionais (Powell et al., 2009, p.9).

Outra medida adotada pelo Ministério da Educação e Pesquisa foi a criação em 2006 do "Círculo de Inovação em Educação Vocacional" (Innovationskreis Berufliche Bildung – IKBB) e o "Círculo de Inovação em Educação e Treinamento Continuados" (Innovationskreis Weiterbildung – IKWB), recrutando representantes das classes empresarias, pesquisadores, associações industriais, sindicatos e administrações estaduais. Em janeiro de 2008, a União estabeleceu o que ficou chamado de "Iniciativa de Qualificação" – medidas que englobam a educação básica, a superior e os programas de ensino vocacionais cujo intuito é oferecer a jovens fortes possibilidades de emprego, independentemente das origens sociais (Hippach-Schneider; Toth, 2009, p.13).

Referências

BAETHGE, M.; SOLGA, H.; WIECK, M. *Berufsbildung im Umbruch*: Signale eines überfälligen Aufbruchs. Berlin: Friedrich-Ebert-Stiftung, 2007.

BOSCH, G. The dual system of vocational training in Germany. In: TREMBLAY, D.-G.; DORAY, P. *Vers de nouveaux modes de formation professionnelle?* Le rôle des acteurs et des collaborations. Québec: Presses de l'Université du Québec, 2000.

DEISSINGER, T. The evolution of the Modern Vocational Training Systems in England and Germany: a comparative view. *Compare*, v.24, n.1, p.17-36, 1994.

_____. *Beruflichkeit als "organisierendes Prinzip" der deutschen Berufsausbil- dung*. Eusl: Markt Schwaben, 1998.

GIRAUD, O. Le système dual passe à l'Est. *Formation Emploi*, n.50, p.89-103, 1995.

HIPACH-SCHNEIDER, U.; TOTH, B. (Ed.). *The German Vocational Education and Training (VET) System*. BIBB. Bundesinstitut für Berufsbildung, 7.ed. set. 2009.

LANGE, T. Training for Europe: should Britain follow the German model? *Journal of European Industrial Training*, v.18, n.2, p.4-11, 1994.

LE BOT, I.; TREMBLAY, D.-G. *The German Dual Apprenticeship System*. Analysis of its evolution and present challenges. Québec: Université du Québec, 2003.

LYNCH, L. M. (Ed.). *Warning and the Private Sector. Chicago*: s. l.: The University of Chicago Press, 1994.

LISBON PROCESS, EAHEP – EU. Asia Higher Education Plataform, Disponível em: <http://www.eahep.org/europeanhigher-education/background/lisbon-process.html>. Acesso em: 10 abr. 2016.

MAURICE, M.; SELLIER, F.; SILVESTRE,J.-J. *The Social Foundations of Industrial Power*: a comparison of France and Germany. Cambridge, Massachusetts; London: The MIT Press, 1986.

MÖBUS, M.; VERDIER, E. *Les diplômes professionnels en Allemagne et en France*: conception et jeux d'acteurs. Paris: L'Harmattan, 1999. p.29-44.

PETROSKY, J. The German dual educational system: evolving needs for a skilled workforce. *Perspectives on Business and Economics*, 1996. Disponível em: <http://citeseerx.ist.psu.edu/viewdoc/download?doi=10.1.1.195.3805&rep=rep1&type=pdf>. Acesso em: 11 abr. 2016.

POWELL, J. J. W. et al. Comparing the Relationship between Vocational and Higher Education in Germany and France, Econstor. Der Open-Acces-Publikationsserver der ZBW. Leibiniz-Informationszentrum Wirtschaft, *WZB Discussion Papel*, n.SP I 2009-506, 2009.

REGINI, M. Different responses to common demands: firms, institutions and training in Europe. *European Sociological Review*, v.13, n.3, p.171-89, 1997.

SOLGA, H. *Ohne Abschluss in die Bildungsgesellschaft*: Die Erwerbschancen gering qualifizierter Personen aus soziologischer und ökonomischer Perspektive. Opladen: Barbara Budrich, 2005.

THE COPENHAGEN PROCESS: Enhanced European cooperation in vocational education and training, EUR-Lex. Disponível em: <http://eur-lex.europa.eu/legal-content/en/TXT/?uri=URISERV%3Aef0018>. Acesso em: 10 abr. 2016.

Sobre os autores

Reginaldo C. Moraes – professor de Ciência Política na Unicamp e pesquisador do Instituto Nacional para Estudos sobre Estados Unidos (INCT-Ineu). Publicou, pela editora Unesp, *Educação superior nos Estados Unidos, O peso do Estado na pátria do mercado* (com Maitá de Paula e Silva), *As cidades cercam os campos* (com Maitá de Paula e Silva e Carlos Henrique Árabe) e *Estado, desenvolvimento e globalização*.

Maitá de Paula e Silva – mestre em Ciência Política (Unicamp) e pesquisadora do Instituto Nacional para Estudos sobre Estados Unidos (INCT-Ineu). Publicou, pela editora Unesp, *O peso do Estado na pátria do mercado* (com Reginaldo C. Moraes) e *As cidades cercam os campos* (com Reginaldo C. Moraes e Carlos Henrique Árabe).

Luiza Carnicero de Castro – doutora em Ciência Política (Unicamp) e pesquisadora do Instituto Nacional para Estudos sobre Estados Unidos (INCT-Ineu). Publicou capítulos de livros nas coletâneas *Política internacional e hegemonia: Brasil e Estados Unidos no contexto da globalização* (Angelo Del Vecchio, ed. Sociologia e Política) e *Estado, desenvolvimento e políticas públicas* (Editora Universitária da UFPI).

SOBRE O LIVRO

Formato: 16 x 23 cm
Mancha: 26 x 48,6 paicas
Tipologia: StempelSchneidler 10,5/12,6
Papel: Off-White 80 g/m^2 (miolo)
Cartão Supremo 250 g/m^2 (capa)
1ª edição: 2017

EQUIPE DE REALIZAÇÃO

Coordenação Geral
Marcos Keith Takahashi

Edição de texto
Nelson Barbosa

Revisão de texto
Gisele C. Batista Rego

Diagramação
Sergio Gzeschnik